Jörg Berger

Ein loderndes Feuer

Frauen, Männer und das Wagnis der Intimität

FRANCKE
Verlag der Francke-Buchhandlung GmbH

Über den Autor:
Jörg Berger, Jahrgang 1970, Psychotherapeut, arbeitet in der Psychotherapeutischen Abteilung der Klinik Hohe Mark, Oberursel, wo Menschen auch wegen sexueller Probleme behandelt werden: Krisen in der weiblichen und männlichen Identität, Sexsucht, Erfahrungen von Missbrauch oder sexuell bedingte Partnerschaftskrisen.
Mit seiner Frau und zwei Kindern gehört er einer evangelischen Freikirche an.

Bibliografische Information der Deutschen Bibliothek
Die Deutsche Bibliothek verzeichnet diese Publikation in der Deutschen Nationalbibliografie; detaillierte bibliografische Daten sind im Internet über http://dnb.ddb.de abrufbar.

ISBN 978-3-86122-963-6

35037 Marburg an der Lahn
Umschlaggestaltung: Henri Oetjen, DesignStudio Lemgo
Satz: Verlag der Francke-Buchhandlung GmbH
Druck & Bindung: CPI Moravia Books, Korneuburg

www.francke-buch.de

Inhaltsverzeichnis

Meinen Lehrern auf dem Weg zum Psychotherapeuten:

Gottfried Kirschner, Rainer Oberbillig,

Dr. Wilfried Haßfeld

Vorwort

Wir aufgeklärten Menschen leben in einer sexuell verrückten Welt. Wie selbstverständlich dringen Nacktheit und sexuelle Intimität auf uns ein, in der Werbung, in Musikvideos und Filmen. Doch das sexuelle Getöse macht den einzelnen stumm. Wie Worte finden für etwas, das der aufpolierten Sexualität in den Medien so wenig entspricht? Wie Worte finden für die Unscheinbarkeit, die Zwiespälte und die lebensgeschichtlichen Prägungen der eigenen Sexualität?

Im psychotherapeutischen Gespräch entsteht ein Ort, an dem das sexuelle Getöse verstummt und sexuelle Themen eine Sprache finden. Hier dürfen Angst und Lust, Scham und Sehnsucht benannt werden. Hier wächst eine Achtsamkeit für die Grenze zwischen wohltuender und schädlicher sexueller Entfaltung. Wenn mir mein Vorhaben gelingt, finden Sie, liebe Leserin und lieber Leser, in diesem Buch einen solchen Ort der Selbstbegegnung. Sie werden Worte finden für Ihr sexuelles Erleben und Ihre Sexualität auf Ziele ausrichten, die Ihrem eigenen Wesen entsprechen.

Mein bescheidener Wunsch ist, dass Sie sich in Ihrer augenblicklichen Lebensphase wiederfinden und gute, umsetzbare Anregungen erhalten. Mein verwegener Wunsch ist, dass das Buch zu einem Kompass wird, an dem Sie Ihre sexuelle Entwicklung ausrichten können und der Ihnen an unübersichtlichen Kreuzungen Orientierung gibt.

Die folgenden Kapitel laden zu einer Wanderung durch

die vielfältigen Landschaften der Sexualität ein. Zunächst muss ich Ihnen zerklüftetes Gelände zumuten. Ohne den Blick in die Abgründe weiblicher und männlicher Sexualität, ohne den Weg durch Schluchten, in denen sich die sexuelle Energie mit Aggression, Angst und Gier verbindet, bliebe Wesentliches unverständlich. Während einige Kapitel den Weg durch das Gestrüpp des Alltags bahnen, den Frauen und Männer als sexuelle Wesen miteinander bestreiten, werden schon zwei Gipfel sichtbar. Der erste ist der Gipfel einer Partnerschaft, in der die Persönlichkeit beider ihren Platz findet und in der eine tiefe emotionale Verbindung entsteht. Auf dem zweiten Gipfel baut sich eine Spannung auf, die sich in erfüllenden sexuellen Erfahrungen entlädt: die Spannung zwischen dem Mut zum Ich und dem Mut zum Du. Und wo endet der Weg? Sicher nicht auf einer endlosen Bergkette sexueller Gipfelerlebnisse, auch wenn unsere Medien zuweilen die Sehnsucht danach wecken. Schon eher auf einer Hochebene, wo Frauen und Männer ihre sexuelle Lebendigkeit entdecken, aber auch Kämpfe um eine Begrenzung ihrer sexuellen Möglichkeiten austragen. Die Wanderung führt Sie in einen Lebensraum, in dem die sexuelle Energie dem persönlichen Wachstum dient.

Das sensible Thema hat mich vor einige Herausforderungen gestellt. Wie schreibe ich anschaulich, ohne eine Schlüssellochsituation herzustellen, die erregt oder abstößt? Wie nehme ich die dunklen Seiten der Sexualität in den Blick, ohne Angst oder Entmutigung zu wecken? Wie bringe ich beglückende sexuelle Erfahrungen zur Sprache, ohne diejenigen zu frustrieren, die bis dahin noch einen Weg von unbekannter Länge gehen müssen? Außerdem hat meine männliche Sicht auf das Thema ihre blinden Flecken. Gelingt es mir, diese aufzuspüren und auszuleuchten? So hoffe ich, dass mein Zugang all diesen Herausforderungen gerecht wird und zu einer positiven Erwartung an die Sexualität beiträgt.

Auf Fachbegriffe habe ich verzichtet, wo immer es möglich war. Die wenigen unvermeidlichen habe ich in der „Erläuterung von Fachbegriffen" alphabetisch aufgeführt. Auch die Fußnoten finden Sie am Ende des Buches. Dort erfahren Sie, aus welchen Quellen ich Zitate entnommen habe und auf welche Literatur ich mich stütze.

Mein Dank gilt meiner Frau Myriam, die selbst meine Beschäftigung mit der Sexualität anderer unterstützt und die mir eine wunderbare Quelle von Inspiration und Korrektur ist. Dankbar bin ich auch meinen Probelesern, deren Rat dieses Buch geformt hat: Dr. Sonja Exner, Beate Ihrig, Rüdiger Sumann, Dr. Andreas Schröder. Schließlich danke ich dem Verlag der Francke-Buchhandlung GmbH, allen voran Frau Anne-Ruth Meiß für die ermutigende Zusammenarbeit und die geschickten handwerklichen Eingriffe in meinen Text.

1. Der Konflikt: Sexualität entfesseln oder zügeln?

Tomas presst sein Gesicht an die Wange der Frau, die er kaum kennt. Ihr fiebriger Atem wird schneller und Tomas atmet den herben Geruch ein, als wolle er die Intimität ihres ganzen Körpers aufnehmen. Er empfindet eine unerklärliche Liebe für dieses Mädchen; sie kommt ihm vor wie ein Kind, das jemand in ein pechbestrichenes Körbchen gelegt und auf dem Fluss ausgesetzt hat, damit er es am Ufer seines Bettes birgt[1].

Tomas hat sein Leben konsequent auf seine sexuelle Entfaltung ausgerichtet. Er genießt seinen Erfolg bei Frauen. Er genießt den aufregenden Unterschied zwischen seiner Vorstellung von einem weiblichen Körper und der Wirklichkeit, die sich nach der Eroberung zeigt. Er genießt es, das Geheimnis einer Frau zu enthüllen, welche Blicke, Gesten und Worte ihr der Sex entlockt. Vor emotionaler Bindung schützt sich Tomas durch eine Dreierregel. Er schläft entweder nur dreimal oder höchstens alle drei Wochen mit der gleichen Frau.

Nun drängt sich Teresa in sein Leben: schön, hilflos, durch ihren Job als Kellnerin an ein ödes Provinzdorf gefesselt. Teresa sehnt sich nach dem Schutz und der Würde, die ihr ein gebildeter Mann schenken kann. Tomas verliebt sich.

Das ist der Ausgangspunkt von Milan Kunderas Roman „Die unerträgliche Leichtigkeit des Seins", der seine Hauptfiguren in ein Dilemma führt. Das männliche Dilemma ist offensichtlich. Wählt Tomas die tiefe, dauerhafte Bindung an Teresa oder seine sexuelle Freiheit? Oder sucht er nach einem Kompromiss zwischen beidem? Das weibliche Dilemma liegt verborgener und erschließt sich erst im Laufe des Romans. In ihren erotischen Fantasien findet Teresa in den Armen eines kultivierten Mannes Schutz und endlich die Chance, sich persönlich zu entfalten. Soll sie versuchen, ihre erotische Fantasie mit Tomas zu verwirklichen? Tomas müsste dazu nicht nur auf seine sexuellen Abenteuer verzichten, sondern einen Teil seines Wesens aufgeben. Er ist zwar taktvoll und gebildet, aber nicht der väterliche Gentleman aus Teresas Fantasien. Soll Teresa ihn einfach so lieben wie er ist? Und darf sie in diesem Fall außerhalb der Beziehung suchen, was Tomas ihr nicht geben kann?

Der sexuelle Grundkonflikt

Wie viel Bindung braucht die Sexualität? Müssen ihr Zügel angelegt werden, oder darf sie ihren Trieben folgen? Keine Frau, kein Mann kommt an diesem Grundkonflikt vorbei. Und doch stellt sich Frauen und Männern dieser Konflikt auf unterschiedliche Weise. Männliche Sexualität ist bescheiden. Sie zielt auf den Körper, aus dem das Wesen der Frau heraustritt – seien es ihre wirklichen Wesenszüge oder die Wunschvorstellungen, die der Mann in den begehrten Körper hineinlegt. In wenigen Stunden von Erotik und Rausch können sich männliche sexuelle Fantasien verwirklichen.

Weibliche Sexualität dagegen will den ganzen Mann, sein Leben. Sie erfüllt sich, wenn in der Vereinigung mit dem Mann ein bergender, aufregender und zukunftsschwangerer Lebensraum entsteht. Auch weibliche Flirts und Seitensprünge, die nicht auf ein ganzes Leben abzielen, suchen diese Erfahrung. Würde der Mann sein Leben hingeben und hat er die Potenz, mein Leben im Sinne meiner Sehnsüchte zu verwandeln? Eine entfesselte männliche Sexualität missbraucht und verletzt Frauen. Das führt Männer in einen Konflikt. Die entfesselte weibliche Sexualität verschlingt den Mann. Sie bringt ihn vom Kurs seines Lebens ab und lenkt ihn auf die Bahn der weiblichen erotischen Sehnsüchte. Insofern stehen auch Frauen in dem Konflikt, inwieweit sie ihre sexuellen Wünsche ausleben oder begrenzen.

Die wohl bekannteste sexuelle Entgleisung veranschaulicht den Konflikt. Als Monika Lewinski im Präsidentenbüro ihre sexuelle Zugänglichkeit signalisierte, stand Bill Clinton vor einer Wahl. Schützt er seine Ehe und gleichzeitig die ihm anvertraute Praktikantin, oder gibt er sich einer neuen sexuellen Möglichkeit hin? Wir wissen nicht, welche sexuelle Fantasie Bill Clinton verführt hat. Er hätte aber sicher nicht mit einem derart hohen Einsatz gespielt, wenn sie nicht die tiefsten Schichten seiner Persönlichkeit angerührt hätte. Für das männliche Erleben ist die sexuelle Situation nach ein paar Minuten im Oval Office beendet, nicht aber für das weibliche. Das erregende Moment bestand für Monika Lewinski sicher nicht darin, mit einer bewunderten, letztlich aber fremden Autorität oralen Sex zu haben. Die Erregung entzündete sich vermutlich an der Hingabe, die Bill Clinton zu zeigen scheint. Er setzt sein ganzes Leben aufs Spiel, seine Familie, seine Karriere, den Ruf der Nation. Hätte Monika

Lewinski das Erlebnis für sich behalten, wäre sie nur ein Opfer männlicher Sexualität gewesen. Erst mit der Veröffentlichung löste sie das erotische Pfand ein, das ihr Bill Clinton beim Sex in die Hand gelegt hat. Aus der Perspektive von Monika Lewinski sah der Konflikt anders aus. Verführe ich einen Mann zu einer ungeheuerlichen Auslieferung seines Lebens, oder schütze ich mich und ihn vor einer missbräuchlichen Situation?

Wie lösen Menschen in unserer Gesellschaft das Dilemma, das in der Unvereinbarkeit von sexueller Freiheit und einer dauerhaften Bindung liegt? Aktuelle Statistiken und Befunde der Sexualforschung geben hier einen Einblick. Es finden sich vier unterschiedliche Versuche, das sexuelle Dilemma zu lösen: sexuelle Freizügigkeit, die Auslagerung von Sexualität, Partnerwechsel und das Begraben von Sexualität.

Wie forscht man über Sexualität?

Das Beispiel einer methodisch sorgfältigen Studie zeigt, wie sich Forscher dem sensiblen Gebiet der Sexualität nähern.

Gunther Schmidt leitet die Abteilung für Sexualforschung, die zur Klinik für Psychiatrie und Psychotherapie der Universität Hamburg gehört. Der Professor erarbeitete einen Leitfaden, der die wesentlichen Aspekte heutiger Sexualität erfasst. Dazu besprach er sich mit bekannten Fachkollegen, wie Ulrich Clement und Margret Rauch, auf deren Erkenntnisse ich in den späteren Kapiteln zurückgreifen werde. Mithilfe des Leitfadens sollen über 700 Personen über ihre Sexualität befragt werden. Psychologie- und Soziologiestudenten werden beauftragt, die Interviews durchzuführen. Für sie stellt das Projekt einen willkommenen Zuverdienst neben dem Studium dar. Die Kosten werden durch Fördergelder der Deutschen Forschungsgemeinschaft gedeckt. Nachdem der Projektentwurf die Ethikkommission der Universität passiert hat und Datenschutzvereinbarungen mit Behörden getroffen worden sind, geben die Einwohnermeldeämter von Hamburg und Leipzig wichtige Daten frei. So können nach Zufallsprinzip Personen aus drei unterschiedlichen Jahrgängen (1942, 1957, 1972) ausgewählt werden, die teilweise in ländlichen, teilweise in städtischen Gebieten leben. Die Personen werden zunächst angeschrieben und dann telefonisch nach ihrer Bereitschaft für ein Interview gefragt. Etwa 30 Prozent stimmen einer persönlichen Befragung zu. Damit ist der Weg frei für neue, zuverlässige Erkenntnisse über die heutige Sexualität. Im Jahr 2002 schwärmen 18 Studentinnen und Studenten aus, um insgesamt 776 Frauen und Männer in mehrstündigen Interviews zu befragen. Alle bisherigen sexuellen Erfahrungen und Partnerschaften kommen zur Sprache, auch die heutige partnerschaftliche Lebensform und Einstellung zur Sexualität. Viele dieser Erkenntnisse werden Ihnen in den unterschiedlichen Kapiteln begegnen.

Sexuelle Freizügigkeit

Die konsequente sexuelle Freizügigkeit beruht auf einer Entscheidung. Die emotionale Bindung darf nur so tief werden, dass sie die sexuelle Entfaltung nicht verhindert. Junge Menschen in den 68er-Jahren haben mit diesem

Modell experimentiert. Wenn eine Partnerschaft entsteht, gilt die Vereinbarung: „Unser Zusammensein schließt andere sexuelle Erfahrungen nicht aus."

Eine so konsequente sexuelle Freizügigkeit ist heute eine Randerscheinung. Das zeigt zum Beispiel eine Studie des medizinischen Internetservice www.gyn.de[2], an der über 113.000 Personen teilnahmen. Nur 6% der Teilnehmer gaben an, neben ihrer Partnerschaft noch eine weitere sexuelle Beziehung zu haben. Aus anderen Untersuchungen ist bekannt, dass solche Seitenbeziehungen in der Regel verheimlicht werden und damit nicht auf einer Vereinbarung beruhen.[3] Offen freizügig verhielten sich nur die 2%, die eine sexuelle 3er- oder 4er-Beziehung als Lebensform angaben. Auch Singles sind heute zurückhaltend. In einer Studie des Hamburger Sexualforschers Gunter Schmidt hatten nur 4% der Singles innerhalb eines Jahres mehr als vier Sexualpartner.[4]

Sexuelle Freizügigkeit hat ihren Reiz verloren. Vielleicht weil sie im Gegensatz zu den 68er-Jahren kaum jemanden mehr empört. Sie hat ihre politische und gesellschaftskritische Wirkung verloren. Außerdem scheint das menschliche Bedürfnis nach einer tiefen emotionalen Bindung so mächtig zu sein, dass es nicht auf Dauer unterdrückt werden kann. Von den Personen, die in der Studie von Gunther Schmidt befragt wurden, wollen 83% mit ihrem Partner ein Leben lang zusammenbleiben, 92% wünschen sich sexuelle Treue.

Andererseits bleibt in der Partnerschaft manch sexueller Wunsch unerfüllt: Ein Psychologe der Universität Göttingen befragte 2330 Paare über Wunsch und Wirklichkeit ihrer sexuellen Beziehung. Frauen sahen ihre sexuellen

Wünsche im Durchschnitt zu 44% erfüllt, Männer zu 35%. [5] Es bleibt ein erheblicher Rest an ungelebter Sexualität! Wenn aber die emotionale Bindung an den einen Partner so hoch bewertet wird, wohin dann mit den unerfüllten Wünschen? Die drei folgenden Lösungsversuche zeigen, was mit dem ungelebten Rest an Sexualität geschieht.

Auslagerung von Sexualität

Bei diesem Lösungsversuch gibt es einen Teil der Sexualität, der in der Partnerschaft gelebt wird. Sexuelle Bedürfnisse und Fantasien, die sich dort nicht verwirklichen lassen, werden ausgelagert. Das schützt die Partnerschaft. Der Mann, dessen Frau sexuell abwartend ist, möchte vielleicht einmal wild und lüstern verführt werden. Aber soll er seine Frau mit solchen Wünschen unter Druck setzen? Soll sie eine Rolle spielen, die ihr gar nicht liegt? Einfacher ist es, diesen sexuellen Wunsch aus der Beziehung auszulagern.

Eine Frau hat einen Mann, der wie ein zuverlässiger Handwerker das Schlafzimmer temperiert, den Anrufbeantworter einschaltet und ihren Körper auf die immer gleiche, effiziente Weise stimuliert. Vielleicht wünscht sie sich einen jungenhaften Liebhaber, der noch staunen, spielen und experimentieren kann. Aber würde ihr Mann nicht gleich eine präzise Anweisung fordern, wie verspielter Sex aussehen soll? Es ist wohl besser, diese sexuellen Wünsche aus der Beziehung herauszuhalten.

Wer einen Teil seiner Sexualität aus der Partnerschaft auslagert, pflegt in der Regel sexuelle Fantasien, die in der Selbstbefriedigung intensiv erlebt werden. Gunter Schmidt befragte Personen, die in einer festen Partnerschaft leben, nach ihren Selbstbefriedigungsgewohnheiten. Über die Hälfte der Männer leben ihre Sexualität sowohl in der Partnerschaft als auch in der Selbstbefriedigung: 76% der 30-Jährigen, 60% der 45-Jährigen und immerhin 29% der 60-Jährigen. Auch fast die Hälfte der Frauen pflegt ihre eigene sexuelle Welt in der Selbstbefriedigung: 48% der 30-Jährigen, 45% der 45-Jährigen und 32% der 60-Jährigen. In Zeiten von Krankheit oder Abwesenheit des Partners kann Selbstbefriedigung auch ein Ersatz für die gemeinsame Sexualität sein. Diesen Grund geben aber nur ein Drittel der Befragten an. Die übrigen sehen in der Selbstbefriedigung eine eigene, eigenständige Sexualität. Dies bestätigt auch ein Einstellungswandel der Generationen. „Selbstbefriedigung ist eine eigenständige Form der Sexualität, die in einer festen Beziehung praktiziert werden kann", sagen 36% der 60-jährigen, aber 79% der 30-jährigen Frauen und Männer. In dieser eigenständigen Welt leben die sexuellen Bedürfnisse und Fantasien, die aus der Partnerschaft ausgelagert wurden. Was sich in dieser Welt abspielt, nimmt das Kapitel ‚Sexuelle Fantasien' genauer in den Blick.

Ausgelagerte Sexualität überschreitet nicht selten die Grenze von der Fantasie zur Wirklichkeit. Die Studie von Gunter Schmidt erfasste 2500 feste Beziehungen. In 30% der Beziehungen war ein Partner sexuell untreu, in 10% waren es beide Partner.[6] Frauen gehen etwa gleich häufig fremd wie Männer, ältere Menschen etwa gleich häufig wie jüngere. In den meisten Fällen kam es nur zu einem sexuellen Kontakt (32%) oder zu wenigen sexuellen Begegnungen (45%). Nur 22% der Seitensprünge dauerten über ein halbes Jahr.

Seitensprünge entstehen aus schwachen Momenten, weniger aus Überzeugung. Gelegenheiten werden in der Regel nicht bewusst gesucht, sondern ergeben sich im direkten Umfeld, besonders im Freundes- und Kollegenkreis.[7] Es scheint sich ein machtvoller Teil der Sexualität von seinen Fesseln loszureißen, der sich die ersehnte Erfahrung einverleibt und sich dann wieder willig binden lässt.

Partnerwechsel

Partnerwechsel ermöglichen einen Kompromiss zwischen Bindung und sexueller Entfaltung, der immer mehr an Bedeutung gewinnt. Die Mehrheit besonders junger Menschen ist in ihren Beziehungen treu, aber schnell bereit zur Trennung, wenn wichtige Bedürfnisse in der Partnerschaft nicht mehr befriedigt werden. Trotz des verbreiteten Wunsches nach einer lebenslangen Partnerschaft werden Beziehungen heute immer vorsichtiger und vorläufiger angelegt. Das zeigen Ergebnisse aus der Studie von Gunter Schmidt:

	verheiratet	zusammenlebend, aber unverheiratet
60-Jährige	67%	13%
45-Jährige	53%	26%
30-Jährige	24%	51%

Tabelle: Partnerschaftliche Lebensformen in unterschiedlichen Generationen. Die fehlende Prozente kommen durch Singles zustande, die in der Tabelle nicht erwähnt sind.

Nun könnte man sagen, die Jungen werden schon noch heiraten. Aber von den heute 60-Jährigen waren die meisten schon im Alter von 30 Jahren verheiratet (76%), im Gegensatz zu den 24% der heute 30-Jährigen.

Die Häufigkeit von Partnerwechseln steigt. Die 60-Jährigen hatten bis zum Alter von 30 Jahren etwa zwei Partner, die heute 30-Jährigen schon etwa vier. Jüngere Menschen neigen noch stärker zu Partnerwechseln. Die rund 113.000 Teilnehmer der Befragung von www.gyn.de sind im Durchschnitt 29 Jahre alt und kommen auf durchschnittlich sieben Partner. [8]

Eine Trennung und ein Neubeginn wecken Hoffnung. Vielleicht lässt sich das tiefe Beziehungsbedürfnis stillen, das beim letzten Partner keine Antwort gefunden hat. Vielleicht kommt in der neuen Beziehung eine ganz andere Seite der Sexualität zum Leben, die in der alten keinen Raum fand. So gliedert sich das Leben in Abschnitte, in denen ganz unterschiedliche Facetten der Sexualität lebendig werden.

Begraben der Sexualität

Wer die Sexualität als Ganzes zurückdrängt, ist vor ihren gefährlichen und beziehungszerstörenden Seiten sicher. Auch wenn das nicht immer eine bewusste Entscheidung ist, scheint etwa ein Drittel der Paare diesen Weg zu wählen. In Gunther Schmidts Studie hatten sechs Prozent der Paare mindestens ein Jahr lang keinen Sex mehr, elf Prozent der Paare hatten ein- bis zehnmal innerhalb eines Jahres miteinander geschlafen, 24 Prozent der Paare ein- bis dreimal im Monat.[9] Die Studie der Universität Göttingen fand unter über 13.000 Befragten 17 Prozent Paare, die für die zurückliegenden vier Wochen keinen einzigen sexuellen Kontakt hatten[10].

Manche Paare sind mit ihrem sporadischen Sexualleben zufrieden (bei Gunther Schmidt 25 Prozent), andere leiden unter ihrer sexuellen Flaute. Von den Ratsuchenden einer Hamburger Sexualsprechstunde hatten sich im Zeitraum von 1975 bis 1977 nur acht Prozent Frauen und vier Prozent Männer wegen sexueller Lustlosigkeit beraten lassen, im Zeitraum von 2000 bis 2002 waren es schon 49 und 20 Prozent. So scheinen immer mehr Menschen ihre sexuelle Lebendigkeit zu opfern, damit sie nicht zu Spannungen in der Beziehung führt. In sehr konfliktbeladenen Beziehungen kann der Rückzug aus der sexuellen Beziehung auch zum Schutz vor weiteren Verletzungen dienen.

Eine Zielrichtung für die Sexualität

Nun liegt das ganze Spektrum vor unseren Augen, von der gänzlich entfesselten Sexualität bis zu der, die in ihren Fesseln erstorben ist. Auch wenn Menschen um gute Lösungen ringen und zum Teil auch Kompromisse finden, die sie befriedigen, wird doch ein Mangel sichtbar. Menschen arrangieren sich mit ihrer Sexualität, statt sie zu formen. Sie nehmen die Frustration tiefer weiblicher und männlicher Bedürfnisse hin.

Wir sind zu wenig in der Lage, unsere Sexualität reifen zu lassen. Uns fehlt das Geschick, sie in einer Weise zu lenken, dass sie mit unseren Lebenszielen und den Möglichkeiten unserer Partnerschaft in Einklang kommt. Wir setzen uns ohne Führerschein, ohne Atlas und ohne Reiseziel in den Sportwagen der Sexualität und los geht's. Die Mutigen unter uns werden im Geschwindigkeitsrausch aus der Kurve getragen, die Vorsichtigen fahren ein Leben lang im Schritttempo. Sie erkunden nur die umliegenden Dörfer und erkennen an der eigenen Garage, dass sie im Kreis gefahren sind.

Dieses Buch muss daher Dreierlei leisten. Es möchte Ihnen helfen, die Zielrichtung für Ihre sexuelle Entwicklung zu bestimmen. Es möchte Ihnen als Landkarte in der Welt der Sexualität dienen. Und schließlich soll es einige Verkehrsregeln und eine Fahrzeugbeherrschung vermitteln. Die Prüfung nimmt dann das Leben ab.

Milan Kundera stellt in seinem Roman die Leichtigkeit eines sexuell freien Lebens der Schwere gegenüber. Mein eigener Standpunkt, der sich in diesem Buch ausdrückt, wählt die Schwere von Bindung und Verantwortung. Wie Menschen, die von dieser Schwerkraft auf dem Boden gehalten werden, dennoch zu lebendiger Bewegung finden, davon handelt dieses Buch.

Tomas führt an der Seite Teresas seine sexuellen Beziehungen weiter. Teresa quält sich und versucht, ihre Eifersucht abzustumpfen. Mit einem eigenen Seitensprung will sie sich beweisen, dass Liebe und Sexualität zu trennen sind. Das misslingt. Tomas spürt Teresas Qual, liest sie an ihren Träumen ab. Er gerät in eine männliche Verzweiflung: „Die Liebe mit der Sexualität zu verbinden, war einer der bizarrsten Einfälle des Schöpfers“[11]. Er träumt von einem Paradies, „einer Welt, in der man beim Anblick einer Schwalbe erregt ist und Teresa lieb haben kann, ohne von der aggressiven Dummheit der Sexualität belästigt zu werden.“[12] Tomas zieht mit Teresa aufs Land und entflieht den sexuellen Gelegenheiten. Dort führen sie beide ein ungestörtes, einfaches Leben, und Teresa gerät in eine weibliche Verzweiflung. Sie glaubt in Tomas, der zunehmend alt und schutzbedürftig wirkt, etwas zerstört zu haben. Musste er nicht seine Kraft, seine Männlichkeit und Vitalität ihrer Liebe opfern?[13]

2. Kino im Kopf: Die dunkle Seite männlicher Sexualität

Lassen Sie mich mit den Männern beginnen, das ist unverfänglicher für mich. Männer werden mir die unangenehmen Wahrheiten dieses Kapitels verzeihen, weil ich sie auch vor der eigenen Tür zusammenkehre. Gleichzeitig gewinne ich hier vielleicht das Vertrauen, dass die unangenehmen Wahrheiten des nächsten Kapitels nicht frauenfeindlich gemeint sind.

Der dreijährige Mario sitzt auf dem Schoß einer Bekannten der Familie. Er betastet neugierig ihre Brust. Es entsteht eine heitere Atmosphäre, die etwa ausdrückt: „Na, schon ein kleiner Casanova!“ Die Bekannte schreitet ein: „Nein, Mario, das darfst du nicht.“ – Die dreijährige Maria sitzt auf dem Schoß eines Bekannten und betastet sein Glied. Es entsteht für einen Moment eine betretene Atmosphäre. Der Bekannte sagt nichts, weil es vielleicht anzüglich wirken würde. Stattdessen hebt er Maria hoch und lenkt sie mit einem Spiel ab.

Der neunjährige Mario sitzt mit an der Kaffeetafel. Er langweilt sich und studiert den tiefen Ausschnitt seiner Tante. Später zieht ihn seine Mutter in der Küche beiseite: „Es ist Tante Doris bestimmt unangenehm, wenn du so auf ihre Bluse guckst.“ – Die neunjährige Maria hat ihre Jogginghose nachlässig angezogen, ihre Pofalte guckt heraus. „Bevor der Besuch kommt, zieh dich bitte richtig an“, mahnt die Mutter. „Du willst ja nicht, dass dir Onkel Franz auf den Po guckt.“

Die nackte Badenixe auf dem TUI-Plakat bedeckt sich mit einem Handtuch. Der 15-jährige Mario stellt sich ihre Brüste vor, vergleicht sie mit den mutmaßlichen Brüsten seiner Mitschülerinnen und prüft, wer ihn an die Wäsche lassen würde, wenn er es wirklich darauf anlegen würde. – Auch die15-jährige Maria betrachtet das Plakat. Bei der Badenixe berühren sich die Oberschenkel nicht, obwohl ihre Füße direkt nebeneinander stehen, bei Maria schon. Ob Martin sie fett findet? Neulich hat er ihr im Schulsport nachgeguckt.

Jungen und Mädchen werden in ihrer Entwicklung unterschiedlich geprägt. Jungen werden als sexuelle Wesen wahrgenommen, wenn sie schauen und erkunden, Mädchen, wenn sie sich anschauen lassen und zur Annäherung einladen. Allmählich wird so für Jungen das Schauen erotisch bedeutsam und gleichzeitig tabu. Umgekehrt besetzen Mädchen das Zeigen und Locken mit romantischen Gefühlen, gleichzeitig wird genau das mit einem erzieherischen Tabu belegt. Mit dem Ende der Kindheit regt sich auch die dunkle Seite der Sexualität, die mit diesen Tabus brechen will. Frauen nutzen ihre Reize, um Männer zu beeinflussen. Männer machen Frauen zum Objekt ihrer Schaulust und Eroberungswünsche. Die sexuelle Fantasie des Mannes bemächtigt sich der Frau und zwingt sie in einen Film, in dem sie die ihr zugedachte Rolle spielen muss: Kino im Kopf. Was sich im Kopf von Männern abspielt, lässt sich von vier verschiedenen Seiten betrachten: einer pornografischen, einer süchtigen, einer aggressiven und einer, die auf Entschädigung aus ist. Die folgenden Abschnitte betrachten diese Seiten.

Die pornografische Seite männlicher Sexualität

Pornografisch ist Sexualität mit einem fantasierten Partner, der kein Eigenleben hat. In wissenschaftlicher Sprache drückt es der Heidelberger Sexualtherapeut Ulrich Clement aus, dass „die sexuellen Interaktionspartner nur wenig als Personen mit eigenen Motivationen und Gefühlen wahrgenommen werden, was ja Voraussetzung dafür ist, dass ein gegenseitig bezogenes Interaktionsspiel des Herausforderns und Eingehens in Gang kommen kann.“[14]

Für die meisten Frauen ist es rätselhaft, worin der Reiz der Pornografie besteht. Für sie ist es gerade das Eigenleben des Mannes, seine Gefühle und Handlungen, die aufregend sind. Ein Mann, der sich passiv für etwas Sexuelles zur Verfügung stellt, wäre für sie reizlos. Für die dunkle Seite der männlichen Sexualität dagegen ist es erregend, sich der Sexualität der Frau zu bemächtigen und zu erleben, wie sie ihren Körper und damit ihr ganzes Wesen ausliefert.

Die private Pornografie im Kopf steht nicht selten im Austausch mit dem riesigen Markt an pornografischen Angeboten. Zeitschriften, Filme und Fernsehsendungen, aber auch schon Werbung und Musikszene liefern sich einen harten Wettbewerb, in dem sie versuchen, die männlichen sexuellen Fantasien so treffsicher wie möglich zu bedienen. Allein im Internet soll es bereits 1,3 Millionen Anbieter geben mit insgesamt 260 Millionen Internetseiten.[15] So kann jeder finden, was zu seinen bevorzugten sexuellen Fantasien passt.

Alle männlichen sexuellen Fantasien lassen sich auf eine Urszene zurückführen. Auf der Suche nach dieser Szene möchte ich unterschiedliche Fantasien mit Ihnen betrachten. In einer einfachen Fantasie strippt die Frau oder lässt sich entkleiden. Eine kompliziertere Fantasie könnte ein Büro als Kulisse haben. Ralf teilt sein Zimmer mit Brigitte. In seiner Fantasie wird Brigitte von ihrem Chef gemein zusammengestaucht. Ralf stellt sich dazwischen und weist den Chef zurecht. Als dieser wieder draußen ist, weint Brigitte. Sie tastet dankbar nach Ralfs tröstender Hand auf ihrer Schulter. Ihre Blicke treffen sich, sie zieht sein Ohr an ihre Lippen. Im Archiv kennt sie einen ungestörten Ort – und so weiter.

Zu Beginn der pornografischen Urszene verfügt die Frau über die größere sexuelle Macht. Sie ist zum Beispiel attraktiver als der fantasierende Mann und würde sich im realen Leben einer sexuellen Annäherung verweigern. Oder sie hat einfach kein Interesse an Sex und ist in ihrer Zurückweisung sexueller Wünsche mächtiger als der begehrende Mann. In der Fortsetzung der Szene kommt die sexuelle Macht des Mannes ins Spiel. Ralf verschafft seiner Potenz den Durchbruch, indem er die Retterrolle einnimmt. Oft beruht die Macht auch einfach darauf, die Frau in die Fantasiewelt zu holen, über die der Mann uneingeschränkt herrscht. So siegt die männliche sexuelle Macht schließlich über die weibliche. Die Lust entsteht im fantasierten Zusammenspiel weiblicher und männlicher sexueller Macht.

Wo Frauen sich nicht schützen können, springt die männliche Fantasiewelt auch auf die Realität über. Viele Mädchen erleben sexuelle Erfahrungen im Teenageralter als enttäuschend und verstörend. Sie finden in der Beziehung keinen Raum für ihre erotischen Gefühle. Stattdessen werden sie in eine Szene gezogen, die aus einem Pornofilm stammen könnte. Eine Szene, in der die Eroberung ihres Körpers und die dadurch hervorgerufene Lust im Vordergrund steht.

Die süchtige Seite männlicher Sexualität

„Männer denken nur an das eine.“ In dieser Zuschreibung, die manchmal humorvoll gemeint ist und manchmal Enttäuschung ausdrückt, stecken wesentliche Merkmale einer Sucht: Gefühle und Gedanken engen sich auf die Beschäftigung mit dem Suchtmittel ein, Betroffene werden unfrei und können über ihr Maß nicht mehr selbst bestimmen.

Wenn die Familie im Bett ist, taucht Harald in die Erotikwelt im Internet ein. Auf Geschäftsreisen kommt er kaum am Erotikshop vorbei. Seine Versuche, davon loszukommen, seinen Schlaf und seine Selbstachtung zu schützen, sind bisher gescheitert. Am quälendsten erlebt er aber, wie sich seine sexsüchtigen Tendenzen auf den Alltag auswirken. Als er (wegen anderer Probleme) in unsre Behandlung kommt, beschreibt er: „Ich denke fast nur noch an Sex. Auch hier bei den Mitpatientinnen. Fast jede Frau, die ich sehe, macht mich scharf.“

Ein so ausgeprägtes Suchtverhalten ist nicht die Regel. Manche Fachleute schätzen es auf weniger als ein Prozent in der Gesamtbevölkerung, andere gehen von fünf oder sechs Prozent aus.[16] Auch wenn sich die süchtige Neigung nicht so deutlich zeigt, bestimmt sie doch einen Teil der männlicher Sexualität. Milan Kundera beschreibt in seinem Roman, wie seine Hauptfigur von einer sexuellen Suche getrieben wird:

Als die Truppen des Warschauer Pakts im Jahr 1986 den Prager Frühling gewaltsam beenden, verliert Tomas seine Anstellung als Chirurg. Er hatte sich in einem Leserbrief gegen die Besatzer gewandt. Nun verdingt er sich als Fensterputzer, doch sein Schicksal macht ihn bekannt und öffnet ihm die Türen der Prager Gesellschaft. Oft wird Tomas zum Schein als Fensterputzer bestellt und mit Champagner empfangen. Diese Lage nutzt er für zahlreiche sexuelle Affären. In dieser Zeit begegnet ihm im Traum eine junge Frau.

Er ging auf sie zu. Ein unendliches Glücksgefühl überkam ihn, weil er sie endlich gefunden hatte und mit ihr zusammen sein konnte. Er setzte sich neben sie, sagte etwas zu ihr, und sie sagte etwas zu ihm. Sie strahlte Ruhe aus. Die Bewegungen ihrer Hände waren langsam und anmutig. Sein Leben lang hatte er sich nach diesen ruhigen Gesten gesehnt. Gerade diese weibliche Ruhe hatte ihm sein Leben lang gefehlt.

Aber in diesem Moment glitt er vom Traum ins Wachsein hinüber. Er befand sich im Niemandsland, wo man nicht mehr schläft und noch nicht richtig wach ist. Er fürchtete, das Mädchen aus den Augen zu verlieren, und sagte sich: Mein Gott, ich darf sie nicht verlieren! Verzweifelt versuchte er, sich zu erinnern, wer dieses Mädchen war, wo er sie getroffen und was er mit ihr erlebt hatte. Wie war es möglich, dass er es nicht mehr wusste, wo er sie doch so gut kannte? Er nahm sich vor, sie am nächsten Tag anzurufen. Kaum hatte er sich das gesagt, erschrak er, denn er konnte sie nicht anrufen, weil er ihren Namen vergessen hatte. Doch wie konnte er den Namen von jemandem vergessen, den er so gut kannte?

Dann war er beinahe wach, hatte die Augen geöffnet und sagte sich: Wo bin ich? Ja, ich bin in Prag, aber das Mädchen, ist sie überhaupt aus Prag? Habe ich sie nicht woanders getroffen? Ist es vielleicht ein Mädchen aus der Schweiz? Es dauerte noch eine Weile, bis er begriffen hatte, dass er das Mädchen gar nicht kannte, dass sie weder aus Zürich noch aus Prag stammte, dass es ein Mädchen aus seinem Traum war und von nirgendwo sonst.

Er war so verwirrt darüber, dass er sich auf den Bettrand setzte. Teresa atmete tief im Schlaf. Er dachte daran, dass das Mädchen aus dem Traum keiner der Frauen glich, denen er in seinem Leben begegnet war. Das Mädchen, das ihm so vertraut, so bekannt vorkam, war ihm in Wirklichkeit ganz unbekannt. Aber gerade nach ihr hatte er sich immer gesehnt. Existierte für ihn ein persönliches Paradies, so müsste er in diesem Paradies an ihrer Seite leben.[17]

Im Traum offenbart sich Tomas das Motiv seiner sexuellen Suche. In der Traumfrau ahnt er die Antwort auf seine ungestillten Sehnsüchte, eine paradiesische Verbundenheit, die ihn mit Ruhe und Glück erfüllt.

Wenn sich die Suche nach dem Paradies verselbstständigt, wird sie zur Sucht. Sie versetzt für einen Moment in einen leib-seelischen Zustand, der einer Erfüllung der ungestillten Sehnsüchte nahekommt. Sie erzeugt die kurze Illusion, das Paradies gefunden zu haben. Der Rausch bringt Menschen in Berührung mit ihren tiefen emotionalen Bedürfnissen. Wenn er abklingt, werden die unerfüllten Sehnsüchte umso deutlicher spürbar. Ein Gefühl von Frustration und Leere macht sich breit. Die Suche muss weitergehen.

Erste Hilfe bei sexsüchtigem Verhalten

- Gestehen Sie sich den Kontrollverlust ein. Sie haben die Macht darüber verloren, ob, wann und in welcher Weise Sie sich mit Ihren sexuellen Fantasien befassen.
- Durchleuchten Sie Ihre Motive. Wollen Sie wirklich aufhören? Sammeln Sie fünf Argumente, die gegen das Aufhören sprechen. Sammeln Sie weitere fünf Argumente, warum es nicht so schlimm wäre, alles weiterlaufen zu lassen. Sie werden staunen.
- Legen Sie Willensanstrengungen, gute Vorsätze, Versprechen von Besserung beiseite – sie nützen nichts.
- Falls Ihre Frau in die Rolle einer Beichtschwester oder Kontrolleurin gekommen ist, entlassen Sie sie aus dieser Aufgabe. Das ist nicht gut für die Partnerschaft.
- Machen Sie sich (und eventuell Ihrer Frau klar), dass sexsüchtiges Verhalten nichts mit Partnerschaft zu tun hat. Frauen, die sich sexuell entziehen, verursachen keine Sexsucht, auch eine erfüllte partnerschaftliche Sexualität schützt nicht davor.
- Akzeptieren Sie, dass es für Ihre Frau eine verstörende Wirkung haben kann, wenn die dunkle Seite Ihrer Sexualität sichtbar wird. Drängen Sie sie nicht zu Verständnis. Durch die Gefühle Ihrer Frau finden Sie vielleicht Zugang zu Aspekten des sexsüchtigen Verhaltens, die aus Ihrer Wahrnehmung verschwunden sind: der Selbstschädigung, der Entwürdigung von Frauen.
- Vertrauen Sie sich einigen wichtigen Menschen mit Ihrem Problem an, ohne allzu viele Details und ohne ihnen Verantwortung zu übertragen. Damit machen Sie deutlich: Dieser süchtige, unerfüllte und schambesetzte Bereich gehört auch zu mir. Er kann nur verändert werden,

wenn er aus der Einsamkeit in die Gemeinschaft findet, wenn er aus der Heimlichkeit ins Licht kommt.

- Suchen Sie sich einen geduldigen Begleiter (Seelsorger, Berater, Psychotherapeuten), der weiß, dass Süchte nicht durch Willenskraft überwunden werden und der den langen Atem hat, für ein bis zwei Jahre Rückfälle mitzutragen.
- Treffen Sie Vorkehrungen für schwache Momente: verbannen Sie den Fernseher in den Keller; bringen Sie Ihr Modem zu einer Vertrauensperson, die es Ihnen zeitweise ‚ausleiht'.
- Üben Sie in starken Momenten den Verzicht: nähern Sie sich Ihrem Suchtmittel (dem Link zur Erotikwelt, dem Kiosk oder Erotikshop, dem nächtlichen Erotikprogramm im Fernsehen) und wenden Sie sich wieder ab.
- Stellen Sie eine Liste mit Ideen zusammen, wie Sie sich in Momenten von „Suchtdruck" ablenken können: Spaziergang, Sport, kalte Dusche, Telefonieren, Arbeiten …
- Stärken Sie Ihre positiven Lebensbereiche: Freundschaften, schöne Aktivitäten, die berufliche Weiterentwicklung, ein Engagement für eine gute Sache, das Glaubensleben.
- Wenn Ihr sexsüchtiges Verhalten eine Gefahr für Ihre Partnerschaft oder Ihren Beruf ist, schließen Sie sich einer Selbsthilfegruppe an, z.B. den Anonymen Sex- und Liebessüchtigen (www.slaa.de).

Die aggressive Seite männlicher Sexualität

Im Kino im Kopf treffen sich Täter und Opfer. Die Fantasie bringt die Frau zu etwas, das sie im realen Leben nicht tun würde – es sei denn, der Mann hat Macht über die Frau und kann sie in eine Rolle bringen, die seiner Fantasie entspricht. Dann wird die Frau vom fantasierten zum realen Opfer.

Der US-amerikanische Psychiatrieprofessor Robert Stoller schreibt über die Pornografie: „Auch ihr liegt [...] ein fantasierter Racheakt zugrunde, in dem sich die sexuelle Lebensgeschichte des Betreffenden verdichtet – seine Erinnerungen und Fantasien, Traumen, Frustrationen und Freuden. Immer kommt ein Opfer vor, gleichgültig, in welcher Verkleidung: ohne Opfer keine Pornografie.“[18]

Haralds Mutter war übermächtig. In der Trotzphase lachte sie ihn aus, konnte aber auch hart strafen. Später wieder weihte sie Harald so uferlos in ihre Eheprobleme ein, dass er sich am nächsten Tag verstört fühlte und in der Schule gerügt wurde, weil er träumte. Dabei nahm er auch das negative Männerbild seiner Mutter auf. „In ihren Augen waren Männer nur geile Trottel“, erinnert sich Harald in der Therapie.

Auf einer tieferen Gefühlsebene erlebt Harald alle Frauen als übermächtige, männerverachtende Wesen. Wenn er eine von ihnen verführt – real oder in der Fantasie – bricht er ihre Macht. Damit rächt er sich an der übermächtigen Mutter, was natürlich nicht bewusst geschieht. Oft baut er kleine Gemeinheiten in seine Fantasien ein. Eine seiner Fantasien spielt in einem Architekturbüro, Haralds Arbeitsplatz. Wenn er die Sekretärin schon halb entkleidet hat, schließt ein Kollege unvermutet die Tür auf. Der blickt auf die entblößte Frau und zwinkert Harald verständnisvoll zu, bevor er die Tür wieder schließt.

Solche fantasierten Racheakte gibt es in den unterschiedlichsten Spielarten. Wem als Kind körperliche Zärtlichkeit und Intimität verschlossen war, weil er distanzierte Eltern hatte, dem kann es reizvoll scheinen, in die Intimsphäre eines Menschen einzubrechen. Dazu würden voyeuristische Fantasien passen, z. B. ein Paar beim Sex oder eine Frau beim Baden zu beobachten. Zur Thematik erzwungener Intimität gehören auch Fantasien, in denen sich eine Frau durch Gewalt oder durch eine Notlage sexueller Intimität hingeben muss.

Andere sind in einer moralisch übersauberen Familienatmosphäre groß geworden. Schon über Geschlechtsteile zu reden oder sich in irgendeiner Weise für Sexualität zu interessieren, war tabu. In diesem Klima entsteht gelegentlich der Wunsch, die Eltern durch etwas Schmutziges und Unmoralisches zu entsetzen und sich so an ihnen zu rächen. Hierzu passen Fantasien von Sex in der Öffentlichkeit oder von Sex mit Prostituierten. In schmutzigen Fantasien drückt sich ein unbewusster Racheimpuls aus, als Rache an den prüden Eltern, dann aber auch als Rache an den als prüde erlebten Frauen schlechthin.

Schließlich erleben manche Jungen wie Harald, dass ihre Männlichkeit klein gehalten, zurechtgestutzt und missachtet wird. In der Fantasie wird die Macht einer Frau gebrochen, indem sie verführt und dann kalt abgelegt wird. Solche Kindheitserfahrungen führen auch zu sadistischen und masochistischen sexuellen Fantasien, bei denen der mächtige Mann eine Frau körperlich quält oder seinerseits von einer mächtigen Frau gequält wird.

Eine Spur solcher Perversionen, „der erotischen Form von Hass“[19], lässt sich bei allen sexuellen Fantasien finden, darauf werde ich im dritten Kapitel eingehen.

Die Entschädigungsseite männlicher Sexualität

Nun haben wir das Kino im Kopf des Mannes beinahe umrundet und es fast von allen Seiten betrachtet: von seiner pornografischen, seiner süchtigen und seiner aggressiven Seite. Nun fehlt noch eine letzte Seite, die verständlich macht, wann ein Film läuft und welcher Film läuft: die Entschädigungsseite. Das Kinoprogramm wird auch von dem bestimmt, was sich im übrigen Leben abspielt. Oft dient es als Entschädigung für Unlust, Frustration und Schmerz.

Frieder kommt in erster Linie wegen Arbeitsplatzproblemen in die Therapie, bringt aber auch eine Reihe sexueller Probleme mit. Er hat einen guten Start, in der Patientengemeinschaft fühlt er sich gut aufgehoben, verstanden und akzeptiert. Seine Beziehungen zu den Mitpatienten vertiefen sich, es entstehen Nähe und gelegentlich auch Konflikte. Nun erlebt Frieder Gefühle, die ihm sehr vertraut sind. Von Frauen fühlt er sich nicht recht ernst genommen, und Männern gegenüber fühlt er sich unterlegen. Er fühlt sich wie ein kleiner Junge im Körper eines Erwachsenen. Etwa drei Wochen lang haben ihn sexuelle Fantasien kaum beschäftigt, nun kommen sie mit Macht zurück. Sie entladen sich, als er sich an einem Kiosk ein Erotikheft besorgt, was er einige Tage später verlegen in einem Therapiegespräch erwähnt. Beim Betrachten der Frauen hat sich Frieder als starker, potenter und begehrter Mann erlebt. Er hat sich für die Frustration der vergangenen Tage entschädigt.

Wie stellen sich Männer zur dunklen Seite?

Irgendwann entdeckt jeder Jugendliche die dunkle, rücksichtslose Seite seiner Sexualität. Im Laufe seiner Entwicklung entscheidet sich, wie er damit umgeht. Diese Entscheidung wird prägen, welchen Männertyp er verkörpert und welche Haltung er gegenüber Frauen einnimmt.

Eine Möglichkeit ist die, sich mit der dunklen Seite männlicher Sexualität zu identifizieren. Sie wird dann als normaler Teil des Mannseins angesehen. Mein Vater, der in der Verkehrsmittelwerbung tätig ist, nahm mich früher in die Betriebshöfe großer Städte mit. Dort werden Busse und Straßenbahnen gewartet. Zum Umziehen und für ihre Schreibtischarbeiten stehen den Angestellten kahle, graue Räume zur Verfügung. Doch ganz kahl und grau sind sie nicht: Offensichtlich von Vorgesetzten geduldet hängen dort Pin-up-Girls an den Wänden und blicken manchmal fröhlich, manchmal lüstern in die Männerwelt des Betriebshofes. Anscheinend ein Stück männliche Normalität, so wird es auch den knapp vier Millionen Bildzeitungslesern nahegebracht:

Diese Zeilen schreibe ich vor Arbeitsbeginn im Bistrobereich meiner Tankstelle. Ich teile den runden Stehtisch mit einem Herrn, der sich zu seinem Kaffee in die Bildzeitung vertieft. 20 Zentimeter von meinem Manuskript entfernt zeigt das Titel-Girl – fröhlicher und wacher als wir – seine Brüste. Auf der nächsten Seite liegt Ardi mit dem Rücken auf einer Schlagzeile („Was macht Ardi so unwiderstehlich?") und lässt die nackten Beine in der Luft baumeln.

Wo die dunkle Seite der Sexualität für normal und gesellschaftsfähig erklärt wird, hat der Mann ein Problem weniger. Er darf seine triebhafte Seite zeigen, solange er es nicht mit Gewalt oder Machtmissbrauch verbindet.

Andere Männer erklären ihre dunkle Seite für nicht existent, leben sie aber dennoch aus. Ein prominentes Beispiel dafür ist der US-amerikanische Kongressabgeordnete Mark Foley. Er gehört den Republikanern an, der Partei, die für moralische Integrität steht. Als Gründer der Kongresskonferenz für misshandelte Kinder kämpfte er gegen die sexuelle Ausbeutung Minderjähriger und gegen die Internetpornografie. Ein Skandal unmittelbar vor dem Kongresswahlkampf im Oktober 2006 enthüllte die verleugnete Seite seiner Sexualität. Über anonyme Botschaften am Computer zog er einen 16-jährigen Büroboten in einen schlüpfrigen Dialog hinein und forderte ihn schließlich zum Sex auf.[20]

Viele Männer suchen in einem überkorrekten Verhalten Zuflucht. In einer Art Gegenbewegung zu ihren sexuellen Seiten zeigen sich diese Männer sehr einfühlsam, verständnisvoll und sexuell verzichtbereit:

Lars kommt auffallend gut gekleidet zum Gespräch. Mit seinen lockeren Bewegungen, seinem sympathischen und mitreißenden Ausdruck beim Reden könnte ich ihn mir gut als Fernsehmoderator vorstellen. Lars ist mit Anne verheiratet, die in ihrer Kindheit unter ihrem anzüglichen Vater gelitten hat. Deshalb hat Anne Männer lange schroff von sich ferngehalten. Aber Lars war anders. Über Monate schien er nur an Gesprächen interessiert, sodass Anne daran zweifelte, ob sie ihm als Frau etwas bedeutet. Schließlich hat sie die Initiative ergriffen. In den letzten Jahren hat sich Lars unwohl in der Partnerschaft gefühlt. Als er sich zu einer kurzen Affäre mit einer anderen Frau hinreißen ließ, stürzte er ab und wurde von einer Depression heimgesucht. Um die Paarproblematik zu verstehen, lasse ich mir den Alltag von Lars und Anne schildern. Lars verhält sich gegenüber seiner Frau mehr wie ein haltgegebener Vater oder wie ein großer Bruder. Der Mann Lars scheint gar nicht präsent in der Beziehung zu sein. Sie duschen nach dem Sport gemeinsam, und Lars wagt weder eine sexuelle Bemerkung noch Berührung, um Anne damit nicht abzuschrecken. Schließlich haben sie sich nur zum Sport verabredet. Lars verliert auch immer mehr das Interesse am Sex, und bei dem halbherzigen Zusammensein mit Anne treten Erektionsprobleme auf. Schließlich bricht seine unterdrückte Männlichkeit in seinem Seitensprung durch. In der Intimität mit der aufreizenden, sexuell fordernden Frau zeigen sich bei Lars keinerlei Potenzprobleme.

Für den überkorrekten Männertyp hat die Umgangssprache Bezeichnungen gefunden, die die fehlende Männlichkeit entlarven: „Softie“, „Frauenversteher“, „Weichei“. Alle drei Haltungen – das Gutheißen und die Verleugnung der dunklen Seite oder ihre Wendung in ein überkorrektes Gegenteil – zeigen den Einfluss, den die dunkle Seite der Sexualität auf Männer hat. Ihr Selbstverständnis als Mann und ihr Verhalten gegenüber Frauen werden von ihr bestimmt.

Wie stellen sich Frauen zur dunklen Seite?

Frauen stoßen in ihrem Umgang mit Männern irgendwann auf ein Problem. Männer interessieren sich manchmal in einem Maße für ihren Körper, dass es unbehaglich wird. Sie stellen über Bemerkungen, Blicke und Berührungen eine Intimität her, die noch gar nicht zum Grad der seelischen Vertrautheit passt. Sie tauchen die Frau in ein Wechselbad zwischen dem Gefühl, geliebt, und dem Gefühl, bedroht zu werden. Jede Frau trifft – meist früh und unbewusst – eine Grundentscheidung, wie sie sich zu der grenzüberschreitenden Seite des Mannes stellt. Drei dieser Grundentscheidungen möchte ich vorstellen: die sexuelle Unterwerfung, die Flucht in die Geschlechtslosigkeit und den Geschlechterkampf.

Die Haltung der sexuellen Unterwerfung erkennt an, dass die dunkle Seite des Mannes auf ihre Kosten kommen muss. Frauen mit dieser Haltung haben ein „Hab-dich-nicht-so!“ verinnerlicht, ein „Das-gehört-dazu.“ Bei einer Anzüglichkeit schlüpfen sie in die Rolle einer allezeit sexuell ansprechbaren Frau, wehren sich in koketter Weise („Na, na, na!“) oder geben eine Zweideutigkeit zurück. Musikvideos sind zunehmend von der Haltung sexueller Unterwerfung geprägt. Als ob es ihre größte Lust wäre, aalen sich die jungen Sängerinnen knapp bekleidet auf dem Studioboden, während sie ihr Lied vortragen. Gegenüber dem männlichen Publikum drücken sie aus: „Du willst doch, dass ich dich scharf mache. Bitteschön.“

Die Flucht in die Geschlechtslosigkeit schafft einen Schutz vor männlicher Zudringlichkeit. Sie beruht auf einem geschlechtlichen Totstellreflex, auf der Botschaft: „Bei mir ist nichts zu holen.“

Karla trägt eine altmodische Brille und das Haar, wie es Mädchen vor der Pubertät tragen, denen das Aussehen noch nicht so wichtig ist. Ihr weiter Pullover macht den Busen fast unsichtbar. Wenn sie die Beine übereinanderschlägt, bilden die weißen Sandalen und Socken einen auffallenden Kontrast zu den dunklen Beinhaaren. Karla kommt oft mit bedruckten Sweat-Shirts zu mir ins Gespräch, ich erinnere mich an das kindliche Motiv eines rosa Bären. Sie spricht viel von ihrer Ehe, sie leidet unter der Selbstbefriedigung ihres Mannes. Ihre Angst und ihre Abscheu vor der männlichen Sexualität reichen aber noch viel tiefer. Ihr ganzes weibliches Lebensgefühl und ihre Haltung gegenüber Männern sind davon bestimmt. Dennoch hatte sie durch ihre geschlechtslose Erscheinung bisher noch nie Probleme mit Männern, erst jetzt in der Ehe kommt das Thema zum Vorschein.

In einer dritten Spielart nimmt die Frau vorbeugend den Geschlechterkampf auf. Sie versucht, den gefährlichen Mann zu entmachten, ihn schwach oder im Extremfall zum harmlosen Trottel zu machen. Frauen mit diesem Schutzmechanismus entdecken, dass eine Mischung aus Schmeichelei und Dominanz Männer in gutmütige Jungen verwandelt. Hier zeigt sich bereits die dunkle Seite der weiblichen Sexualität, die uns im nächsten Kapitel beschäftigen wird.

Doch vorher möchte ich noch auf die Frage eingehen, wie sich Frauen wirkungsvoll vor der dunklen Seite männlicher Sexualität schützen können.

Wie schützt sich eine Frau vor der dunklen Seite?

Rechnen Sie mit der dunklen Seite. Es gehört zum biologisch-psychologischen Programm von Männern, Ihre sexuelle Zugänglichkeit auszuloten. Diesem Programm werden Sie begegnen, wenn ein Mann es nicht aus persönlicher Reife oder Verantwortungsgefühl steuert. Seien Sie sich bewusst, dass es einen Signalcharakter für Männer hat, wenn Sie zweideutige Bemerkungen, Berührungen oder Blicke tolerieren.

Wappnen Sie sich mit dem richtigen Gefühl. Wenn Sie Ihre Grenzen verteidigen, brauchen Sie ein passendes, ausreichend intensives Gefühl: Zorn, Abscheu oder auch ein Gefühl des Verletztseins. Es verwirrt Männer, wenn Ihre Worte („Lass das!") und Ihr Gefühlsausdruck („Ich suche dein Verständnis und deine Nähe.") unterschiedliche Botschaften senden. Gerade diese Doppeldeutigkeit weckt bei manchen Männern den Jagdinstinkt. Lassen Sie Ihr Gefühl zu, so intensiv, dass es sich automatisch in Ihrem Gesichtsausdruck, Ihren Gesten und Ihrer Stimme ausdrückt. Erst wenn ein Mann Ihre Grenzen einhält, sollten Sie sich wieder auf einen herzlichen und vertrauensvollen Kontakt einlassen.

Lassen Sie sich nicht auf einen Tauschhandel ein. Männer bieten im Tausch gegen einen Flirt gelegentlich Wertschätzung, Förderung oder Bevorzugung an. Hüten Sie Ihre sexuelle Unversehrtheit als ein unveräußerliches Gut. Bringen Sie andere Qualitäten an der Tauschbörse ein: Ihre Zuverlässigkeit, Ihr Gespür für Menschen, Ihre Einsatzbereitschaft.

Machen Sie Ihre Grenzen deutlich. Manche Männer werden an kleinen Signalen erkennen, wo Ihre sexuellen Grenzen verlaufen: durch eine unbeantwortete Bemerkung, ein leichtes Kopfschütteln, einen Themenwechsel. Andere Männer brauchen deutlichere Signale. Nichts ernüchtert mehr, als die Beschreibung einer männlichen Annäherung: „Wenn du so den Arm um mich legst wie neulich, kommst du mir wie ein Liebhaber vor. Das möchte ich nicht." – „Solche Doppeldeutigkeiten verletzen (bedrängen) mich." – „Ich fühle mich als Frau nicht wohl, wenn du ..."

Nehmen Sie ein wenig männliche Rache nicht allzu ernst, etwa einen kühlen Rückzug oder Sticheleien. Mancher Mann verwandelt sich angesichts Ihrer Grenze in einen gekränkten, abgewiesenen Jungen. – Wenn ein Mann sein Verhalten ändert, drücken Sie ihm Ihre Wertschätzung aus: „Danke übrigens, dass du dich so verständnisvoll verhältst."

Suchen Sie sich Verbündete. Ein Mann wird bedrohlich, wenn er auf Ihre Grenzziehung nicht eingeht. Ziehen Sie eine Kollegin, eine Freundin, einen Mitarbeitervertreter oder auch einen Vorgesetzten hinzu und führen Sie ein Gespräch zu dritt.

Im Sumpf menschlicher Sexualität

Wer bis zum Ende dieses Kapitels durchgehalten hat, wird sich vielleicht fragen, wozu er so tief durch den Sumpf menschlicher Sexualität waten soll. Nun, einmal, weil es diesen Sumpf in jedem gibt und sich jeder zu seiner Zeit dorthin verirren kann. Zum anderen, weil er trockengelegt einen sehr fruchtbaren Boden abgibt, wie ich in späteren Kapiteln zeigen will. Vielleicht werden Sie das Buch für einige Stunden oder Tage beiseitelegen und sich den vielen nicht-sexuellen Dingen des Lebens zuwenden, bevor Sie in das nächste Kapitel eintauchen.

3. „Lass mich, Süßer!“: Die dunkle Seite der weiblichen Sexualität

Die dunkle Seite der weiblichen Sexualität liegt verborgener als die der männlichen. Das hat vielfältige Gründe. In unserer Gesellschaft ist es für Männer leichter, zu ihren sexuellen Wünschen zu stehen. Weibliche Sexualität muss sich daher indirekter, verborgener ausdrücken. Während Männer Sex vom Rest der Welt gut trennen können, empfinden Frauen meist ganzheitlicher. Ihre sexuellen Empfindungen sind eng verbunden mit ihrer Gefühlswelt und den Schwankungen der körperlichen Befindlichkeit. Daher entzündet sich für sie sexuelle Anziehung nicht nur an der Attraktivität und den sexuellen Signalen eines Mannes, sondern am gesamten emotionalen Klima einer Begegnung. Vertrauen, Spaß, das Gefühl von Sicherheit und Wertschätzung, die Befriedigung von Neugier und Lebenslust entscheiden mit über die erotische Reaktion. Daher ist für Frauen viel schwerer zu orten, was genau das „Sexuelle“ einer Begegnung ist. Um die dunklen Seiten ihrer Sexualität zu entdecken, müssen wir daher die Mann-Frau-Beziehung in ihrer Ganzheit betrachten.

Larissas Bulimie hat sich verstärkt, seit sie von ihrem Ausbilder sexuell belästigt wird. Zahlreiche Angebote, von ihm nach Hause gefahren zu werden, sich auf ein Glas Wein zu verabreden, hat sie abgelehnt. Dennoch berührt er ihre Schulter, wenn er ihr am PC etwas zeigt, und gibt anzügliche Arbeitsanweisungen: „Lass dein Händchen doch mal in das obere Fach gleiten und reich mir die Mappe.“ Aus Larissas Geschichte weiß ich, dass sie häufig in solche Situationen gerät. Mit 16 ist sie nur durch massive Gegenwehr einer Vergewaltigung durch einen Bekannten entgangen. Auch einige „Kumpels“, denen sie sehr vertraut hat, sind irgendwann zudringlich geworden.

„Ich vermute, dass Sie Ihre Wirkung auf Männer unterschätzen“, eröffne ich Larissa in einem unserer Gespräche. „Was sich für Sie ganz harmlos anfühlt, werden viele Männer schon als sexuelle Einladung auffassen. Das erlebe ich auch in unserem Miteinander. Sie begegnen mir sehr charmant, machen mir am Anfang oder Ende des Gesprächs oft ein kleines Kompliment. Vorhin haben Sie sich beim Reden kokett Löckchen gedreht und etwas später mit Ihrem Ausschnitt gespielt.“ Ich ahme nach, wie sich Larissas gekrümmter Zeigefinger in den Ausschnitt eingehakt hat und in einer Pendelbewegung mal der linken, mal der rechten Schulter ein wenig Luft verschafft hat. Den kurzen, engen Jeansrock, den sie im letzten Gespräch getragen hat, erwähne ich nicht. Larissa errötet und ringt nach Worten: „Ich will Sie doch nicht ...“

„Nein“, komme ich ihr entgegen. „Sie suchen Wertschätzung, Unterstützung, vielleicht auch das Gefühl, einem Mann etwas Wertvolles geben zu können.“ Larissa wirkte verwirrt, verstand aber, worauf ich hinauswollte.

Der Therapieprozess hat Larissa in Berührung mit den dunklen Seiten ihrer Sexualität gebracht. Sie nutzt ihre Attraktivität und die sexuelle Ansprechbarkeit von Männern aus, um ihre emotionalen Bedürfnisse zu stillen. Flirtend lenkt sie die Aufmerksamkeit, die Gefühle und die Einsatzbereitschaft von Männern auf ihre Person, und das ohne besondere Mühe. Auf sexueller Ebene entsteht ein Muster von Locken und Blocken. Weil Larissa an einer sexuellen Beziehung gar nicht interessiert ist, weist sie entsprechende Angebote zurück: „Lass mich, Süßer!“ Neben den erwähnten Männern, die ihre sexuelle Frustration in verstärkter Zudringlichkeit ausdrückten, stehen auch viele, die sich unglücklich verliebt haben. Larissa hatte ihren Kumpels klargemacht, dass sie nur eine freundschaftliche Beziehung will und außerdem einen Freund hat. Dennoch hat sie eine erotische und emotionale Intensität hergestellt, der sich kaum einer ihrer Kumpels entziehen konnte. Sie waren schockiert, wie leicht sich Larissa von ihnen lösen und sich auch anderen Männern zuwenden konnte.

Die käufliche Seite weiblicher Sexualität

Larissa gestaltet ihre Beziehungen zu Männern in einer Weise, die einem Tauschhandel ähnelt: „Ich schenke dir meine weibliche Lebendigkeit und meine Reize, gib du mir Aufmerksamkeit, Schutz und Unterstützung.“ Dabei entfremdet sie sich von ihren eigenen sexuellen Bedürfnissen. Larissa beschreibt ihren Freund als verständnisvoll und geduldig, erst in letzter Zeit beklagt er sich über den seltenen Sex. „Ich habe einfach so selten Lust. Es reicht mir, wenn wir bei einem schönen Film schmusen“, sagt Larissa und erwähnt ihre Angst, ihren Freund zu verlieren. Daher achte sie umso mehr darauf, sich sexy zu kleiden und für ihn anziehend zu bleiben. So wird ihre Sexualität immer mehr zur Ware, mit der sie sich die Zuwendung von Männern erkauft.

Erlauben Sie mir, noch einen Moment bei dem unromantischen Bild eines Warenhandels zu bleiben. Frauen und Männer bringen in den verschiedenen Phasen der Annäherung einen unterschiedlich hohen Einsatz. Männer investieren mehr in der Phase des Werbens und Flirtens, Frauen mehr in der Phase des sexuellen Zusammenkommens. Das Aussenden verführerischer Signale kostet Frauen keinen großen Aufwand. Von dieser Andeutung einer sexuellen Begegnung bis zu ihrer Verwirklichung müssen Männer hohen persönlichen Einsatz zeigen. Sie beschäftigen sich in ihrer Fantasie mit der Frau, richten ihren Einfallsreichtum auf sie aus. Sie bieten Hilfe an, organisieren Unternehmungen und werden sogar zu aufmerksamen Zuhörern. Das in kleinen Kostproben vorweggenommene, aber noch uneingelöste sexuelle Versprechen erfüllt den Mann mit Energie. Beim sexuellen Zusammenkommen investiert die Frau mehr, die körperliche Intimität erreicht bei ihr tiefere Schichten. Im Flirt kann sie eine Rolle spielen und die verletzlicheren Seiten ihres Selbst vorenthalten, beim Sex kann sie es in der Regel nicht. Männer dagegen erleben Sex erst mal als Sex und brauchen oft mehr Zeit, um die tieferen, verletzlicheren Schichten ihrer Persönlichkeit in der sexuellen Begegnung zuzulassen.

Kaufmännisch betrachtet handelt der Mann klug, der schnell zur Sache kommt. Er überspringt die Phase hoher emotionaler Investitionen. Das entspricht der dunklen Seite männlicher Sexualität. Die Frau handelt klug, wenn sie das sexuelle Versprechen nicht einlöst. Wenn sie das Locken und Blocken in einer Weise ausbalanciert, das einen Mann interessiert, aber sexuell zurückhaltend bleibt. Das macht die dunkle Seite der weiblichen Sexualität aus.

Ein Wort zu Geschlechterklischees

Nun habe ich Ihnen schon so viele Klischees von Frau und Mann zugemutet, dass es einer Erklärung bedarf. In Klischees verdichten sich Alltagserfahrungen, sie enthalten viel Wahrheit. Gleichzeitig werden sie der Vielfalt des Lebens nicht gerecht. Es gibt eine Reihe von Frauen und Männern, die sich in der Beschreibung des jeweils anderen Geschlechts wiederfinden werden. Andere werden sich je nach Situation und Lebensphase einmal mit den typisch weiblichen, einmal mit den typisch männlichen Mustern identifizieren.

Die entmannende Seite weiblicher Sexualität

Der Volksmund kennt die entmannende Seite weiblicher Sexualität. Er spricht von der Frau, die Männer schwachmacht, sie um den Finger wickelt und die „Waffen einer Frau“ einsetzt.

Andrea stählt ihren schlanken Körper durch tägliches Ausdauertraining, das sie auch beibehält, als sie zu uns in die Klinik kommt. Gelegentlich sehe ich sie im Trainingsanzug auf einem der Waldwege verschwinden. Andrea arbeitet in einer Unternehmensberatung. Bei den jährlichen Mitarbeitergesprächen erfährt sie in der Regel, dass ihre Leistungen die ihrer männlichen Kollegen übertreffen. Als sie das erwähnt, versucht sie gleichgültig zu wirken, kann aber ein Triumphgefühl nicht verbergen. Weil Andrea wegen eines zugespitzten Partnerschaftskonfliktes zu uns kommt, erkundige ich mich auch nach der sexuellen Seite ihrer Beziehung. In einer solchen Situation werden Patientinnen in der Regel etwas verlegen, und ich versuche, ihnen ein Gefühl von Sicherheit zu vermitteln. Diese Rollen drehen sich im Gespräch mit Andrea rasch um. Sie berichtet über ihre Sexualität mit einem solchen weiblichen Selbstbewusstsein und detaillierter als nötig, dass ich immer verlegener werde. Einige Zeit später greife ich diese Situation noch einmal auf. „Als Sie im ersten Gespräch über Ihre Sexualität berichtet haben, schien es Ihnen gar nichts auszumachen, dass Sie einem Mann gegenübersitzen. Ich habe Sie da recht forsch erlebt."

„Ja", antwortet Andrea selbstbewusst, „ich habe mich nackt vor Ihnen ausgezogen."

„Und damit machen Sie mich zum Eunuchen, Frau Schneider. An dieser Stelle muss ich mich in ein geschlechtsloses Wesen verwandeln, wenn ich ein gutes Klima in unserer Beziehung wahren will."

Nun ist es nicht mehr schwer zu erarbeiten, wie Andreas weiblich-sexuelle Übermacht ihren Mann in eine schwache Rolle drängt. Viele Zusammenhänge stellt Andrea – typisch für sie – nun ohne meine Hilfe her: zum sexuellen Rückzug ihres Mannes und seinen gelegentlichen Erektionsstörungen, zu ihrem Vater, den sie in doppelter Weise übermächtig erlebte. Er war damals gleichzeitig liebevoll und emotional unzugänglich. Andrea hatte ständig Sehnsucht nach ihm und konnte sich seinem Willen nur schwer entziehen. Wenn er etwas getrunken hatte oder gereizt war, konnte der Vater brutal sein. Dann hatte Andrea Angst vor ihm. Aus Selbstschutz flüchtete sie sich in die Rolle eines starken, vom Vater unabhängigen Mädchens. Heute bringt sie Männer, die nicht so stark sind wie ihr Vater, schnell in eine sexuell unterlegene Position.

Die weibliche Sexualität ist entmannend, wenn sie ihre

starke Seite zeigt und die schwache zurückhält. Wenn eine Frau sexuelles Selbstbewusstsein und Attraktivität zeigt, den Wunsch nach Beziehung und Hingabe an einen Mann aber unterdrückt. Eine Frau, die sich einem Mann gegenüber gleichgültig verhält und scheinbar nicht braucht, was dieser als Mann zu geben hat, raubt ihm seine Potenz.

Die verschlingende Seite weiblicher Sexualität

Die verschlingende Seite weiblicher Sexualität hat sich im ersten Kapitel schon bei Monica Lewinsky angekündigt, der Frau, die sich nach der sexuellen Zweisamkeit den ganzen Präsidenten einverleibt hat, seinen Ruf, seinen Platz in der Geschichte, beinahe seine Ehe und Karriere.

Ein Weg zu einem tieferen Verständnis dieser Seite führt in die Welt erotischer Frauenromane. Kara Lennox bietet ihren Leserinnen in dem Kurzroman „Heiße Lippen – starke Hände“[21] eine einfach gestrickte Geschichte an. Cindy hat ihr Vermögen an einen betrügerischen Liebhaber verloren. Sie ist mittellos, wohnungslos, hoffnungslos und muss obendrein für ihr Baby sorgen. Der attraktive Sheriff Luke Reems kommt ihr zur Hilfe, vermittelt eine kostenlose Wohnung und hilft schließlich den Betrüger zu stellen. Cindy und Luke verlieben sich und beschließen, ihr Leben zu teilen.

In dem leidenschaftlichen Liebesroman, so wird er auf der Titelseite beworben, kommt fast kein Sex vor. Nur etwa sechs von 130 Seiten beschreiben zwei Liebesnächte von Cindy und Luke. Vom äußeren Ablauf her haben sie gewöhnlichen Sex, wie ihn jeder mit seinem Partner haben kann. Weder der Reiz der Geschichte noch die Schilderung der sexuellen Begegnung könnten einer Frau die Zeit und das Geld entlocken, die sie in den Roman investieren muss. Die Geschichte spricht aber eine verbreitete sexuelle Fantasie an, dadurch zieht sie Leserinnen in ihren Bann. Die äußeren Umstände führen Cindy in eine extrem hilflose Situation und machen Luke im Kontrast dazu zu einem extrem starken Mann. Das erzeugt einen erotischen Spannungsbogen. Von einigen Verwicklungen verzögert, entlädt sich die Spannung in Momenten, in denen Luke seine Stärke zeigen und Cindy aus ihrer Hiflosigkeit befreien kann.

Den letzten Kick bezieht die Geschichte aber aus einem alten Konflikt zwischen Cindy und Luke, die eine Jugendliebe verbindet. Damals war ihre Beziehung daran zerbrochen, dass Cindy die Welt entdecken wollte, während Luke auf eine Familiengründung drängte. Auch heute ist Luke in der Provinzstadt Cottonwood fest verwurzelt, und Cindy zieht es in die Welt hinaus. Als ihre Liebe ein zweites Mal vor dem Zerbruch steht, entschließt sich Luke, seinen Job aufzugeben, sein Haus zu verkaufen und mit Cindy auf Reisen zu gehen.

Hier zeigt sich die verschlingende Seite der weiblichen Sexualität. Der Mann muss seinen Beruf, sein Vermögen und seine Identität aufgeben, um der Geschichte ihren erotischen Höhepunkt zu verschaffen. (Cindy nimmt das Angebot übrigens nicht an, sondern begnügt sich mit einer kürzeren Reise.)

In der psychotherapeutischen Arbeit habe ich zahlreiche Paare kennengelernt, deren Beziehungsgestaltung aus der Feder von Kara Lennox stammen könnte. Ein Mann rettet eine Frau, die in einer seelischen, zwischenmenschlichen oder finanziellen Notlage steckt. In dieser Schlüsselsituation entstehen Liebe und erotische Anziehung. In der weiteren Partnerschaftsgeschichte verharrt die Frau dann oft in der hilfsbedürftigen Rolle, während sich der Mann unter vielen Opfern in die Rolle des Starken zwängt. Manchmal geht diese Dynamik stark von einem der Partner aus, manchmal passen die erotischen Fantasien zusammen wie Schlüssel und Schloss.

Verschlingende erotische Fantasien sind nicht immer aus der Not geboren. Es genügt ein unerfüllter Lebenstraum, der sich dem Mann in der unbewussten erotischen Kommunikation vermittelt. Das berufliche Engagement von Männern lebt nicht selten auch von der Motivation, der Frau einen Lebenstraum zu erfüllen. Männer spüren, wie sich das erotische Knistern verstärkt, wenn das gemeinsame Leben auf die Erfüllung eines solchen Traumes zusteuert.

Im Happy End eines Kurzromans aus dem gleichen Sammelband, „Ein Millionär für Holly“, erfüllt sich eine verschlingende erotische Fantasie:

Beim Anblick ihres zukünftigen Ehemanns schien ihr Herz schier zu bersten vor Glück. Da stand er, ihr Märchenprinz. So überwältigend hatte sie sich das Gefühl zu lieben und geliebt zu werden nie vorgestellt. Während der ganzen Zeremonie fühlte sich Holly leicht umnebelt, und das Ehegelübde sprach sie wie in Trance. Sie wachte erst wieder auf, als sie Joes Lippen auf ihren spürte. „Jetzt gehörst du zu mir“, erklärte er feierlich. Sie lächelte überglücklich. „Und du zu mir.“[22]

Die bestrafende Seite weiblicher Sexualität

Mit den vorangegangenen Abschnitten liegen uns drei Wege vor Augen, auf denen die dunkle Seite der weiblichen Sexualität Männer beeinflusst. Sie besticht Männer (die käufliche Seite), entmachtet sie (die entmannende Seite) und lockt sie in die Rolle eines Traummannes (die verschlingende Seite). Die bestrafende Seite ist aus der Ohnmacht geboren. Sie glaubt nicht mehr an einen Einfluss auf den Mann, sie begnügt sich mit Rache.

Stefanies Geschichte mit Männern ist eine Leidensgeschichte. Als Kind wurde sie von jenem Onkel sexuell missbraucht, der ihr über Jahre Geborgenheit geschenkt hat und zu dem sie flüchten konnte, wenn sich die Eltern stritten. In ihrer Jugend hat sie Männer sexuell rücksichtslos erlebt, sie konnte sich von ihren Wünschen nicht abgrenzen.

Als Stefanie kurz vor einer Heirat steht, trennt sie sich abrupt und stürzt in ein depressives Loch. Wir sprechen über ihre Partnerschaften. „Ich habe Sex wie eine Hure. Ich mache Oralsex. Ich stöhne wie wild, auch wenn ich gar nichts fühle." Oberflächlich betrachtet hat Stefanie Angst, einen Mann zu verlieren, wenn sie nicht auf seine (vermeintlichen) sexuellen Wünsche eingeht. Unsere Gespräche legen noch eine tiefere Schicht ihrer Motivationen frei. Eigentlich wünscht sie sich, dass ein Mann den schmutzigen Sex ablehnt und sie vor Erfahrungen schützt, die sie als eklig und erniedrigend erlebt. Ihre Partner nahmen aber alle das sexuelle Angebot an. Stefanie erlebt eine dunkle Befriedigung, die sich etwa so in Worte fassen lässt: „Jetzt weiß ich wenigstens, dass du ein Schwein bist!" Indem er die Hure nimmt, macht sich der Mann schmutzig und verächtlich. Stefanie fühlt sich bestätigt, überlegen und wirft ihren Partner dann im Streit an den Kopf: „Du brauchst mich doch nur für den Sex.“

In der nicht alltäglichen Lebensgeschichte von Stefanie tritt die bestrafende Seite weiblicher Sexualität unverhüllt zutage. Aber auch manche Flügel der Emanzipationsbewegung stehen offen zu ihr. Das zeigt ein Auszug aus der Frauenzeitschrift Emma.

Die besten Männerwitze
Wenig hat die Nation so erregt wie diese aus den Jahren 1995 bis 1999. Sie waren unsere Reaktion auf die Blondinenwitze. Nachfolgend the Best.
Was ist ein Mann im Knast? Artgerechte Haltung. (3/97)
Was ist der Unterschied zwischen einer Krawatte und einem Kuhschwanz? Der Kuhschwanz bedeckt das ganze Arschloch. (4/97)
Wann ist ein Mann in der Lage, die Klobrille runterzuklappen? Nach einer Geschlechtsumwandlung. (5/99)[23]

Dass es zu einem solchen Schlagabtausch zwischen den Geschlechtern kommt, ist für unsere Betrachtung weniger interessant als die Art und Weise, wie das geschieht. Männer werden zu tierischen, ekligen und triebhaften Wesen stilisiert. Die Witze greifen ein Stück Alltagswahrheit auf und setzen den ganzen Mann mit ihr gleich. Die bestrafende Seite weiblicher Sexualität macht den Mann zum Schwein.

Auch ein Rückzug der Frau aus der sexuellen Beziehung kann diesen Stachel haben. Er drückt dann aus: „Du willst ja ohnehin nur *deinen* Spaß. Ich mag mich von dir nicht mehr benutzen lassen. Was dich anmacht, finde ich eklig.“ Es geht dabei nicht darum, Unterschiede im sexuellen Erleben auszuhandeln und nach einem Kompromiss zu suchen. Mit der Betonung der triebhaften Seite des Mannes rächt sich die Frau für sexuelle Enttäuschungen und Verletzungen, manchmal auch für solche, die ihr ganz andere Männer zugefügt haben.

Geschlechterkampf

Trifft die dunkle Seite der weiblichen Sexualität auf die der männlichen, kommt es zum Geschlechterkampf. Wer kommt zum Zug, die weibliche oder männliche erotische Fantasie?

Elisabeth wäscht ab. Heiner umfasst sie und streichelt ihre Brüste. Elisabeth denkt an die letzte sexuelle Begegnung, die ihr hastig vorkam und bei der sie auch keinen Höhepunkt hatte. „Wollen wir eine Flasche Wein aufmachen und uns nett zusammensetzen?“

Heiner denkt an das letzte gemütliche Zusammensitzen. Elisabeth hat über ihren Konflikt mit einer Freundin gesprochen und ihre Sorge geteilt, ob Clara rechtzeitig einen Kindergartenplatz bekommt. Heiner hat sich erst hilflos gefühlt und dann geärgert. Soll er sich denn in einen Supermann verwandeln, der alle Probleme löst? „Wenn ich dich spüre, brauch ich keinen Wein. Ich berausche mich an dir.“

Elisabeth schiebt Heiners Hände mit tropfenden Gummihandschuhen beiseite. „Lass mich mal kurz, ich mach das gerade noch fertig.“

Heiner fühlt sich abgewiesen und gekränkt. „Schon gut, ich mag's auch lieber ohne Gummi.“

Elisabeth spürt den Stachel, der in dieser Wendung ins Anzügliche liegt, und ärgert sich. „Sag mal, ist dir schon aufgefallen, dass der Wasserhahn im Bad tropft?“

Der Themenwechsel beinhaltet eine kleine Rache. Während Heiner in Finanzen und Organisatorischem seinen Mann steht, stellt er sich in handwerklichen Dingen oft unbeholfen an. Dieser unterschwellige Angriff auf Heiners Männlichkeit bleibt von beiden unbemerkt. Sie spüren nur, wie die Luft immer dicker wird.

Heiner lässt sich von einer Fantasie leiten, in der eine Alltagssituation eine aufregende sexuelle Wendung nimmt. Elisabeths Fantasie sucht einen romantischen, ritterlichen Mann, dessen Zuwendung und Stärke ihre erotischen Gefühle weckt. So spielt sich oft verborgen, manchmal unverhüllt ein Geschlechterkampf ab. Die dunklen Seiten von Frau und Mann treffen sich, loten ihren Einfluss aus, setzen sich durch oder schließen Kompromisse.

Wie stellen sich Frauen zur dunklen Seite?

Frühe, oft unbewusste innere Weichenstellungen bestimmten das Selbstverständnis einer Frau und ihr Verhalten gegenüber Männern. Manche Frauen wie Karla (S. 37) fliehen in die Geschlechtslosigkeit. Im Kleidungsstil, in ihrer Art zu sprechen und in ihrem Verhalten gegenüber Männern verbergen sie ihre Weiblichkeit. Das schützt sie einerseits vor den Männern, andererseits vor sich selbst. Denn sie spielen ihre Macht über Männer nicht aus, die in ihrer Sexualität liegt. Ihnen war es schon früh unheimlich, wie stark manche Jungs und auch Männer auf flirtende Signale reagieren.

Andere Frauen wie Larissa (S. 41) verleugnen die dunkle Seite ihrer Sexualität. Sie setzen zwar erotische Signale ein, um Männer zu beeinflussen. Ein Mann jedoch, der sich darüber beschwert, bekommt eine Antwort, aus der Unschuld spricht: „Sag mal, was bildest du dir eigentlich ein?"

Frauen wie Andrea (S. 45) identifizieren sich mit der dunklen Seite weiblicher Sexualität und setzen die „Waffen einer Frau" bewusst ein. Die Rechtfertigung dazu leiten sie aus dem Geschlechterkampf ab: Männer haben ihre Machtmittel, und Frauen müssen sich wehren, wenn sie nicht beherrscht werden wollen.

Wie stellen sich Männer zur dunklen Seite?

Ihre Erfahrung mit der dunklen Seite der weiblichen Sexualität bringt Männer typischerweise in eine von drei Positionen: eine entmannte, eine feindselige oder eine spielerische Position.

Der softe Männertyp weicht dem Geschlechterkampf aus und richtet sich in einer entmannten Position ein. Hans wirkt auf mich sympathisch und durchaus männlich. Unter dichten Augenbrauen blicken mich Augen an, deren Fältchen auch bei ernsten Themen einen fröhlichen Ausdruck bewahren. Hans trägt sein Haar gescheitelt, ein starker Bartwuchs wirft auch nach der Rasur einen dunklen Schatten auf die untere Gesichtshälfte. Hans ist schlank, in seiner Jugend könnte er ein guter Sportler gewesen sein. Heute scheint er nicht mehr viel Sport zu treiben, dazu sind seine Bewegungen zu weich. Er weiß gar nicht so recht, warum es ihm schlecht geht. Ihn quälen

Ängste, er kann sich am Arbeitsplatz nicht mehr konzentrieren, er hat die Lust am Leben verloren.

Schon bald entdeckt Hans den Zusammenhang zwischen seinem Befinden und seinem Verhältnis zu Frauen. Er liebt seine Freundin nicht. Aber weder ihrer zärtlichen Annäherung vor zwei Jahren noch ihrem heutigen Beharren auf der Beziehung hat Hans Widerstand leisten können. Er bespricht die Therapiethemen regelmäßig am Telefon mit seiner Mutter, so fließt die Meinung der Mutter in unsere Gespräche ein. Auch ihr gegenüber kann Hans keine Position von Stärke und Unabhängigkeit einnehmen, er ist der kleine Junge geblieben. Außerdem unterdrückt er ein männliches Schamgefühl, das andere Männer hindern würde, ihrer Mutter tiefe Einblicke in die Partnerschaft zu geben. Die Mitpatientinnen scheinen in Hans trotz seiner Attraktivität eher einen großen Bruder zu sehen, jemanden, der als Mann nicht gefährlich werden kann. In allen seinen vorherigen Partnerschaften ist Hans von den Frauen verlassen worden, seine vorletzte Partnerin hat sich einen Draufgänger gesucht. So entdeckt Hans, dass er Frauen nicht als Mann gegenübertritt, sondern mehr wie ein Junge. Tief im Inneren kommen ihm Unabhängigkeit, Entschlusskraft und Durchsetzungsvermögen böse vor. Aus der Angst, Frauen zu verletzen, wird er ihr Opfer.

Andere Männer führen einen vorbeugenden Krieg gegen die Frau. Weil sie Frauen fürchten, schlagen sie zu. Die feindselige Haltung drückt sich in frauenfeindlichen Bemerkungen und Witzen aus, aber auch in einem Bekenntnis zur Pornografie. Die barbusige Blondine an der Wand, das Playboy-Häschen an der Socke, das Seite-1-

Girl auf der Bild-Zeitung machen das Geschlechterverhältnis klar: „Für mich sind Frauen fügsame Wesen, die mich sexuell beleben." In manchen Familien oder Unternehmen treten Männer auch als Herrscher auf. Sic drängen Frauen in eine so schwache Rolle, dass auch die dunkle Seite weiblicher Sexualität in Ketten gelegt ist.

Der spielerische Umgang mit der dunklen Seite von Frauen findet bei Lebemännern wie Casanova seine Vollendung. Giacomo Girolima Casanova, 1725 in Venedig geboren, stammt aus einer Schauspielerfamilie. Er studiert Jura und schließt mit einem Doktortitel ab. Auf Bitten seiner Großmutter beginnt er eine Ausbildung zum Priester. Im März 1741 fällt er betrunken von der Kanzel und gibt drei Jahre später seine Laufbahn als Geistlicher auf. Er wird Mitbegründer der französischen Staatslotterie, arbeitet als Theaterdirektor und Geheimagent.

Wie Casanova etliche Hundert Frauen verführt hat, erwähnt er in seinen Memoiren. Eine seiner Verführungen soll uns als Beispiel dienen, wie der spielerische Umgang mit der dunklen Seite weiblicher Sexualität zu Werke geht.

Casanova lässt sich 1760 im Kloster Solothurn nieder, um Mönch zu werden. Die guten Vorsätze sind aber bereits vergessen, als eine Gruppe junger Frauen im Gasthof des Klosters absteigt.

Am Tage vor dem angekündigten Besuch des Abtes stand ich gegen sechs Uhr abends an meinem Fenster, das nach der Brücke hinausging, und unterhielt mich damit, die Vorübergehenden zu betrachten, als ich plötzlich in scharfem Trabe einen vierspännigen Wagen daherkommen sah, der vor der Tür des Gasthofes hielt. Es saß kein Bedienter darauf; infolgedessen öffnete der Kellner den Schlag, und ich sah vier gut gekleidete Damen aussteigen. An den drei ersten bemerkte ich nichts Besonderes, aber die vierte, die als Amazone gekleidet war, fiel mir durch ihre Eleganz und ihre Schönheit auf. Es war eine junge Brünette mit schön geschnittenen, großen Augen, über denen sich schön geschwungene Brauen wölbten; sie hatte eine Haut wie Lilien und Rosen und trug eine Mütze von blauem Atlas mit einer silbernen Troddel, die ihr auf das Ohr herabfiel und ihr ein sieghaftes Aussehen gab, dem ich nicht zu widerstehen vermochte. Ich beugte mich so weit wie möglich aus dem Fenster vor, und sie hob den Kopf und sah mich an, wie wenn ich sie gerufen hätte. Meine gezwungene Stellung nötigte sie, mich eine halbe Minute lang anzusehen; das war zu viel für eine bescheidene Frau und mehr als genug, um mich zu entflammen.[24]

Mit einer Intuition für die dunkle Seite der weiblichen Sexualität vergleicht Casanova die herausfordernde Schöne mit einer Amazone, einer Angehörigen des frauenbeherrschten, kriegerischen Stammes, von dem die antiken Mythen berichten. Das Zusammenspiel der beiden ist fein ausbalanciert, es bleibt unklar, wer wen verführt. Es bleibt offen, wer stark ist und wer schwach wird.

Casanova besticht den Kellner des Gasthofs und serviert den Damen statt seiner das Abendessen. Die Amazone, die das Spiel sofort durchschaut, lässt sich kokett die englische Spitze von Casanovas Hemdsärmeln zeigen. Casanova bietet sich dienstfertig zum Entkleiden ihrer Stiefel an und schafft so einen weiteren erotischen Moment.

Auf dem ganzen Weg bis zur vollendeten Verführung

bleibt offen, wer die Macht über den anderen hat. Jeder gibt sich dem anderen nur so weit in die Hand, wie sich der andere ausliefert. So kann Casanova mit der dunklen Seite der weiblichen Sexualität spielen, ohne ihr Opfer zu werden. Diese Kunst haben sich auch heutige Casanovas angeeignet.

Wie schützt sich der Mann vor der dunklen Seite?

Wie man sich gegen eine angriffslustige Weiblichkeit verteidigt, ist erlernbar. Daher schließt das Kapitel mit einigen praktischen Tipps.

Unterscheiden Sie: Wer erzeugt die sexuelle Spannung in der Begegnung? Ist es Ihre eigene dunkle Seite, die eine sexuelle Spannung zu einer Frau herstellen will? Oder gehen die erotischen Signale von der Frau aus?

Durch folgende Verhaltensweisen schaffen Frauen eine erotisierte Atmosphäre:

- beiläufige Berührungen, weniger körperlicher Abstand als gesellschaftlich üblich
- eine sexuell einladende Körperhaltung, sexuell einladende Kleidung
- Komplimente, Anspielungen auf Ihre Männlichkeit
- überstarker Gefühlsausdruck
- vorschnelles Sprechen über Sexualität oder andere intime Themen
- eine übertriebene Hilfsbedürftigkeit, die männliche Reflexe auslöst

Unterscheiden Sie zwischen Interesse und Manipulation. Wenn eine Frau an einen Partner gebunden ist oder das berufliche Verhältnis eine Beziehung ausschließt, sind erotische Signale in aller Regel manipulativ, auch wenn sie Frauen nicht immer bewusst sind. Beobachten Sie, wie die Frau mit anderen Männern umgeht. Wenn sie im Umgang mit anderen Männern genauso flirtet, ist die Sache klar. Ein echtes erotisches Interesse wird von Zeichen der Aufmerksamkeit und Hilfsbereitschaft begleitet, von Interesse an Ihrem Leben und Ihrer Geschichte, von einer Bereitschaft zum Kennnenlernen.

So entziehen Sie sich der dunklen Seite weiblicher Sexualität:

- Wappnen Sie sich mit dem richtigen Gefühl: Zorn. Wer Ihre sexuelle Ansprechbarkeit für seine persönlichen Ziele ausnutzt, überschreitet eine Grenze, die Fairness und Taktgefühl setzen.
- Stellen Sie äußere Distanz her. Vermeiden Sie das Gespräch über persönliche Dinge. Verringern Sie den Blickkontakt. Vermeiden Sie körperliche Nähe und Berührungen. Nehmen Sie eine distanzierte Körperhaltung ein.
- Zahlen Sie den Preis der Freiheit. Wer sich den sexuellen Signalen einer Frau verschließt, verletzt einen Urinstinkt. Die männliche Seele wird schmollen, frustriert sein oder rebellieren. Die Frau wird sich vielleicht über Ihre Distanz beklagen oder Ihnen unterkühlt begegnen.
- Wenn ein verwandtschaftliches, freundschaftliches oder enges berufliches Verhältnis die Distanz verhindern, konfrontieren Sie die Frau behutsam. Beobachten Sie,

welche erotisierenden Signale sie einsetzt. Greifen Sie sich ein Beispiel heraus: „... wirkt auf mich wie eine erotische Einladung. Das ist sicher nicht in deine Absicht." Halten Sie der Empörung, die Sie damit auslösen, höflich Stand. Die nächsten Begegnungen werden sicher nüchterner verlaufen.

Am Tor zu einem guten Geschlechterverhältnis

Lassen Sie mich die dunklen Seiten der Sexualität noch auf eine kurze Formel bringen. Auf der einen Seite steht der Vergewaltiger, der körperliche oder psychische Macht auf eine Frau ausübt und ihr seine Sexualität aufzwingt. Pornografie, sexualisierte Werbung und sexuelle Belästigung – in all diesen Erscheinungsformen ist männliche Gewalt am Werk. Auf der anderen Seite steht die Verführerin. Sie bietet ihre sexuellen Reize an, ohne sich hinzugeben. Sie hält ihre Liebe und ihre Person zurück. Und dennoch entzieht sie Männern ihre Energie, ihre Selbstbestimmung und manchmal ihr Geld. In einer immer noch männerbeherrschten Gesellschaft ist die Verführung schwerer aufzuspüren als die sexuelle Gewalt. Wenn eine schöne Frau die Karriereleiter höher hinaufsteigt, als ihre Qualifikation erlaubt – hat sie verführt oder wurde sie sexuell ausgenutzt? Verführt die sexy Popsängerin uns Männer oder ist sie selbst Opfer männlicher Macher des Musikgeschäfts? Wer die Verführung allzu schnell ertappen will, wird genauso irren wie der, der ihren Einfluss leugnet.

Männer reduzieren Frauen auf ihre erotische Ausstrahlung, Frauen wickeln Männer um den Finger – auch im

Alltag tauchen sexuelle Gewalt und Verführung auf, wenn auch meist in gesellschaftlich angepasster Form. Wenn sich Männer und Frauen ihrer dunklen Seite stellen, können die Wunden im Geschlechterverhältnis heilen. Wenn ein Mann seine dunklen Seiten erkannt hat, wird er die Frau nicht mehr für ihre beschuldigen – und umgekehrt. Er wird auch die dunklen Seiten von Frauen nicht mehr als Rechtfertigung nehmen, um seine eigene dunkle Seite auszuleben – und umgekehrt. So stehen am Tor zu einem unbeschwerten Geschlechterverhältnis zwei Tugenden: die Wachsamkeit und die Kritikfähigkeit.

4. Sexuelle Fantasien – der verborgenen Sehnsucht begegnen

Fantasien kommentieren und interpretieren unser Leben. Wie ein Künstler seine Erlebnisse in Musik, Sprache oder Malerei fasst, klingen Alltagserlebnisse in Fantasien nach. Dort erhalten sie eine individuelle Form und Farbe. Nach einem Streit, am Ende eines Urlaubs, nach dem Kennenlernen eines bedeutsamen Menschen geraten wir ins Träumen, malen uns Szenen aus, Vergangenes, Künftiges, wie es war, wie es besser wäre, wie es sein könnte. Fantasien helfen, den Erlebnissen ihren Platz und ihre Bedeutung zu geben, gleichzeitig formen sie unser künftiges Verhalten.

Sexuelle Fantasien begleiten unsere Erlebnisse als Mann und Frau, sie antworten auf die vielfältigen sexuellen Signale, denen wir im Alltag ausgesetzt sind. Sie spiegeln unsere Wünsche, Sehnsüchte, Befürchtungen und Frustrationen. So ist die Fantasiewelt ein guter Raum für eine sexuelle Selbstbegegnung, weil hier alles Wesentliche trifft: Erfahrungen und Träume, Vergangenes und Zukunftshoffnungen, Gelebtes und Ungelebtes.

Sexuelle Fantasien verschaffen Befriedigung, gleichzeitig setzen sie eine körperliche und seelische Reaktion in Gang, die nach einer Entladung strebt. So münden Fantasien oft in die Selbstbefriedigung, durch die sie zu einem lustvollen Ende gebracht werden können. Wie erwähnt befriedigen sich drei Viertel aller jungen Männer, knapp die Hälfte der jungen Frauen selbst. Und auch ein Drittel der älteren Menschen führt seine sexuellen Fantasien in der Selbstbefriedigung zu Ende.[25]

Der menschliche Geist bildet sexuelle Fantasien aus den unterschiedlichsten Materialien. Ein Element ist die körperliche Lust. Nur noch wenige sehen in der Sexualität einen Trieb, der sich regelmäßig entladen muss. Trotzdem gibt es Phasen, in denen sich die körperliche Lust besonders stark regt, bei Männern in der Pubertät und im frühen Erwachsenenalter, bei Frauen auch abhängig vom Monatszyklus. Wie stark sich die körperliche Lust in sexuellen Fantasien Bahn bricht, hängt auch von der äußeren sexuellen Stimulation ab. Die Darstellung von begehrenswerten Körpern und Sex in den Medien beeinflusst die sexuelle Fantasie des Einzelnen und bildet so eine zweite Quelle sexueller Fantasien. Sie erzeugt und verstärkt das körperliche sexuelle Verlangen. Eine dritte Quelle sexueller Fantasien entspringt der Gefühlswelt eines Menschen, seinen Vorlieben, Abneigungen, Träumen und Befürchtungen. Und viertens stammen Fantasien auch aus dem Alltagsleben eines Menschen. Sein aktuelles Lebensumfeld wird oft zur Kulisse der sexuellen Fantasie, die Rollen werden mit Menschen aus dem persönlichen Umfeld besetzt. Auch Alltagserfahrungen von Frust, Verletzungen und Glück fließen in die Fantasien ein.

Betrachten wir noch einmal Haralds Fantasie, in der er seine Sekretärin verführt (S. 30). Sein Körper hat offenbar eine ausreichende sexuelle Bereitschaft, um die Fantasie mit einem Lustgefühl zu speisen. In der Büroszene kommen viele Elemente aus Haralds Alltag vor. Vielleicht gab es schon flirtende Momente mit der Sekretärin. Die Gemeinheit, die Harald in seine Fantasie einbaut, nämlich einen Kollegen versehentlich auf die entblößte Frau blicken zu lassen, hat ihren Ursprung in Haralds Lebensgeschichte. Harald gehört zu den Männern, die in der Kindheit Frauen als übermächtig erlebten. So ist es heute reizvoll für ihn, Frauen in eine hilflose, verwundbare Lage zu bringen. Schließlich beruht Haralds Fantasie auf der irrigen Vorstellung, die Sekretärin könnte so voller sexuellem Verlangen sein, dass sie sich von einer Minute auf die andere eine sexuelle Erfahrung sucht. Diese Vorstellung entspringt der Welt der Pornografie und nicht dem wirklichen Leben. So zeigt Haralds Fantasie, wie die vier Quellen zusammenfließen: körperliche Lust, pornografische Anregung, lebensgeschichtliche und Alltagserfahrung.

Die Ausrichtung sexueller Energie

In sexuellen Fantasien drücken sich individuelle Vorlieben aus. Haarfarbe, Hauttyp, Körperbau, Temperament – kaum eine Eigenschaft, die für sexuelle Vorlieben keine Bedeutung hätte. Im Lauf der menschlichen Entwicklung bindet sich die sexuelle Energie an bestimmte Merkmale eines Menschen. In die sexuelle Entwicklung gehen frühe Lebenserfahrungen ein, die sich unserer Erinnerung entziehen. Einflüsse aus dem späten Kindesalter oder der Jugend lassen sich manchmal noch nachvollziehen, wenn uns beispielsweise eine Begegnung in einen warmen Schauer versetzt und wir gewahr werden, wie sehr uns die Person an eine Jugendliebe erinnert.

Über die Ausrichtung seiner sexuellen Energien hat ein

Mensch in der Regel keine Kontrolle. Er bemerkt irgendwann seine Vorlieben, lebt aus, was ihm akzeptabel, unterdrückt, was ihm unakzeptabel erscheint. Wer die Mechanismen der sexuellen Entwicklung kennt, kann lernen, die Ausrichtung seiner sexuellen Energie zu beeinflussen. Er kann die sexuelle Bindung an bestimmte Merkmale lösen und sie gegenüber anderen Merkmalen vertiefen. Fachleute nennen diese Vorgänge Desexualisierung und Sexualisierung.[26] Dadurch kann ein Mensch seine sexuelle Entwicklung formen und auf die eigenen Lebensziele ausrichten.

In den folgenden Abschnitten stelle ich Ihnen typische sexuelle Fantasien vor: Retterfantasien, Paradiesgartenfantasien, Fantasien von Rausch, Fantasien sexueller Vollkommenheit, gleichgeschlechtliche Fantasien, Machtfantasien, Fantasien des Schauens und Zeigens. Ich zeige auf, welchen Sehnsüchten und Lebensgeschichten die Fantasien entspringen und mache jeweils Vorschläge, in welche Richtung die weitere sexuelle Entwicklung gelenkt werden könnte.

Sexuelle Fantasien zeigen sich bei Frauen manchmal anders als bei Männern. Je stärker Gefühle und sexuelle Empfindungen getrennt werden, desto mehr prägt sich eine sexuelle Fantasiewelt aus. Zu einer solchen Trennung neigen eher Männer. Bei manchen Frauen tauchen die sexuellen Fantasien gar nicht als Bilder im Kopf auf. Die Fantasien sind dann unbewusst. Sie bestimmen dennoch die sexuellen Vorlieben einer Frau und die Art und Weise, wie sie die Beziehung zu Männern gestaltet.

Wer sich in einer der folgenden Fantasien wiedererkennt, bekommt einen Schlüssel zu seiner sexuellen Entwicklung in die Hand. Er lernt loszulassen, was er in der sexuellen Fantasie sucht, aber nicht finden kann. Gleichzeitig entdeckt er, nach welchen Erfahrungen er sich eigentlich sehnt und wie er die Tür zu diesen öffnen kann.

Retterfantasien

Unzähligen Liebesgeschichten liegen Retterfantasien zugrunde. Der Prinz befreit das Aschenputtel von seiner bösen Stiefmutter und holt es auf sein Schloss. In dem Film „Pretty woman" führt der Unternehmer Lewis eine Prostituierte (Julia Roberts) in die gehobene Gesellschaft ein. Das Musical „My fair lady" beruht auf dem gleichen Motiv. Ein Professor für Sprachwissenschaft befreit das Blumenmädchen Eliza Doolittle von ihrem vulgären Akzent und eröffnet ihr so Chancen in der Gesellschaft. Natürlich verlieben sich Retter und Gerettete.

Aus Retterfantasien spricht die Sehnsucht, vor Leid und Schande geschützt zu werden. Häufig fürchtet der Prinz das Leid genauso wie das Aschenputtel. Er flieht in eine Fantasie von Stärke. Er lässt sich auch von dem märchenhaften Gefühl der Rettung berühren, das er dem Aschenputtel schenkt. Weil Leid und Schande oft zusammenhängen, spielt in Retterfantasien auch das Selbstwertgefühl eine Rolle. Manche Männer zweifeln an ihrer Fähigkeit, eine Frau sexuell an sich zu binden. Im Retten steigern sie ihre Attraktivität und ihre Bedeutung für die Frau. Manche Frauen zweifeln an ihrer Fähigkeit, im Leben einen schönen Platz zu finden. Sie sehnen sich nach einem starken, ritterlichen Mann.

Auch Frauen können die Retterrolle einnehmen. Eine

Sozialarbeiterin, die ich als Student während eines Praktikums kennenlernte, begann eine sexuelle Beziehung mit einem straffälligen Alkoholiker. Ihr Sex in der verbotenen Zone (sie musste ihre Stelle aufgeben) beruhte sicherlich auf einer Retterfantasie. Vielleicht träumten beide den gemeinsamen Traum, dass ihre Liebe seine guten seelischen Kräfte weckt. Die Sozialarbeiterin gab eine sexuelle Antwort auf die Botschaft vieler süchtiger Menschen: „Gib mir eine Chance und ich werde, der ich bin."

Tipps für Aschenputtel und Prinzen

- Ein Mensch reift, wenn er sich mit seiner Verwundbarkeit versöhnt. Es entstehen eine neue Beziehungsfähigkeit und eine neue Erotik: Zwei verwundbare Menschen treten einem Leben gegenüber, das manchmal verletzt. Sie heilen Wunden mit dem Pflaster neuen Vertrauens. Sie hüllen die Scham über Scheitern und Mangel in ein Tuch der Liebe. Sie blicken dem Schmerz ins Auge, bis er weicht.
- Nehmen Sie sich Zeit für innere Nöte. Nicht als Dauerbeschäftigung, aber ab und zu. Nicht in einer festen Rollenteilung von Retter und Gerettetem, sondern wechselseitig. Vertrauen Sie sich einmal mit einer Wunde aus der Vergangenheit an. Sprechen Sie über Dinge, die Sie belasten oder bedrücken. Seien Sie aufmerksam für die Lasten und Wunden anderer (ohne sich für deren Beseitigung verantwortlich zu fühlen!).

Paradiesgartenfantasien

Sexuelle Paradiesgartenfantasien entstehen als Antwort auf die Entfremdung eines Menschen von sich selbst. Erziehung und die Anforderungen der Gesellschaft pressen uns in ihre Formen. Wir verhalten uns auf anständige Weise, äußern die passenden Gefühle, suchen nach angemessenen Worten. Wem solche Anpassungsleistungen aufgezwungen werden, der entfremdet sich von seinem Körper, von seinen Gefühlen und seiner Spontaneität. Er beginnt sich nach einer paradiesischen Ursprünglichkeit zu sehnen, in der ein Mensch im Einklang mit seiner Natur lebt. Manchmal verbindet sich diese Sehnsucht mit sexuellen Gefühlen. Dann wird ein Mensch zu Paradiesgartenfantasien neigen, in denen er in der Vereinigung mit seiner Eva/seinem Adam aus der Selbstentfremdung heraus und zu sich selbst findet.

Häufig entstehen sexuelle Fantasien von der wilden, naturhaften Frau, vom wilden naturhaften Mann. In Tarzan, der den Überlebenskampf im afrikanischen Dschungel meistert, verliebt sich Jane, die Tochter eines Wissenschaftlers. Auch die aus der Mode gekommenen Tigerkostüme bedienen Paradiesgartenfantasien. Die Frau wirkt in ihnen katzenhaft, naturhaft und voller ursprünglicher Lebensenergie. Im Countrylook strahlen Frauen eine selbstbewusste Natürlichkeit aus. Sie wirken vertraut mit der Natur und überhaupt allen natürlichen Vorgängen des Lebens. Tänzerinnen und Tänzer fesseln durch ihr Einssein mit ihrem Körper und ihrer Kraft. Fantasien von Sex im Freien können der Sehnsucht nach dem Paradiesgarten entspringen, genauso wie Fantasien von Sex mit Menschen aus Naturvölkern, aus Afrika oder Lateinamerika.

In den unterschiedlichsten Variationen entzündet sich die Erotik an der Fantasie, in der sexuellen Verschmelzung wieder in einen Einklang mit dem Körper, der Gefühlswelt und den ursprünglichen Lebenskräften zu finden.

Tipps für Paradiessucher

- Vor das Tor zum Paradiesgarten hat Gott ein Flammenschwert gestellt. Es gibt keinen Weg zurück. Die Tarzane, Tigerfrauen, die Tänzer und Wilden der Gesellschaft sind häufig stärker von sich selbst entfremdet als unsereins. Die Sehnsucht nach dem Paradies bleibt unerfüllt. Der Schmerz darüber, sich selbst verloren zu haben, gehört zu unserer Kultur, zu unserem Menschsein. Wenn Sie den Schmerz akzeptieren, entdecken Sie bald eine neue Qualität von Beziehungen und eine neue Erotik: Sie empfinden Respekt vor der verborgenen Würde und dem Geheimnis des anderen. Die Entfremdung lässt sich tragen, indem Sie sich mit anderen Paradiesvertriebenen ein Zuhause einrichten.
- Beseitigen Sie unnötige Entfremdung. Stehen Sie zu Ihren Gedanken und Gefühlen, nicht selbstentblößend oder streitlustig, aber klar und selbstbewusst. Investieren Sie in die Begegnung mit sich selbst: durch eine Schweigewoche, ein kreatives Hobby, ein Tagebuch, durch Gespräche über Themen, die Ihnen nahegehen. Prüfen Sie Ihre Garderobe und Ihr Auftreten. Passt es noch zu Ihnen? Falls nicht, beginnen Sie mit kleinen Korrekturen. Lernen Sie Nein zu sagen und konstruktives Streiten, das macht die Umrisse Ihrer Persönlichkeit klarer.

Fantasien von Rausch

Genießen ist eine Kunst, die einige Fähigkeiten voraussetzt: eine Empfänglichkeit der Sinne, ein Gefühl für den rechten Augenblick, die Disziplin, schnelle Befriedigungen zugunsten von echten Genüssen zurückzustellen. Wer die Kunst des Genießens nicht erlernt hat, muss die Intensität seiner Erlebnisse steigern. Die kleinen Genüsse des Alltags sättigen nicht. Im Gegenteil, sie wecken den Hunger erst. Nur die Üppigkeit macht satt, nur der Rausch befriedigt. Die Sehnsucht nach dem Rausch kann auch die sexuellen Fantasien bestimmen.

Ein Rausch kann negative Gefühle betäuben: Einsamkeit, innere Leere, tiefe Gefühle von Unwertsein oder Schlechtsein. Wer von starken negativen Gefühlen heimgesucht wird, kann nicht mehr genießen, ihm geht es um das seelische Überleben. Der Rausch versetzt für eine Weile in eine Welt, zu der unangenehme Gefühle keinen Zugang haben.

Fantasien von Rausch steigern die Sexualität bis zur Extase: Sex mit mehreren Personen, Sex unter erlebnissteigernden Drogen, Dauersex mit mehrfachen Orgasmen. Zur Fantasiewelt des Rauschs gehören auch die „Sexbomben“, Frauen, die ihre sexuelle Ausstrahlung gesteigert haben, bis ihre Reize wie Bomben einschlagen. Auch Pornografie zieht in einen Rausch hinein. Der Reiz des Verbotenen, übertrieben lustvolle Darstellungen und die Möglichkeit, in kurzer Zeit viel Sex zu konsumieren, all dies steigert das sexuelle Erleben bis zum Rausch.

Tipps für Rauschsucher

- Sparen Sie bei schnellen Genüssen wie Süßigkeiten, Fast Food, Kaffee, Zigaretten, Fernsehen, Pornografie, Geplauder. Investieren Sie in Genüsse, die einen Spannungsbogen von Mühe und Vorfreude haben: ein gutes Buch, ein Konzert oder Theaterstück, ein festliches Essen, eine Reise, eine Begegnung mit einer Freundin oder einem Freund, ein Naturerlebnis, Sport, ein soziales Engagement, eine Gebetszeit, ein kreatives Hobby. Bald entdecken Sie, welche Genüsse die Sinne betäuben und welche sie wecken. So steigern Sie allmählich Ihre Erlebnisfähigkeit.
- Üben Sie einen lustvollen Umgang mit anderen Menschen ein. Genießen Sie den Handschlag, eine Umarmung bei Begrüßung oder Abschied, den Blickkontakt, Worte, die Verständnis zeigen. Genießen Sie das Vertrauen, die Ausstrahlung und die Energie eines Menschen. Menschlicher Kontakt spricht die Sinne und das Herz an, auch wenn seine Intensität nicht durch eine Wendung ins Sexuelle gesteigert wird.
- Finden Sie andere Mittel, um negative Gefühle abzubauen: ein Gespräch, Sport oder körperliche Arbeit, Malen, Musizieren oder Schreiben. In manchen Fällen sollte die Quelle der negativen Gefühle aufgespürt werden, eine Psychotherapie kann dabei helfen.

Fantasien sexueller Vollkommenheit

Das Selbstwertgefühl und die Identität eines Menschen können sich an den unterschiedlichsten Eigenschaften festmachen: an der Intelligenz, an der Nützlichkeit für andere, an der beruflichen Leistungsfähigkeit und eben auch am Körper. Ein attraktiver Körper schenkt dann das Gefühl, wertvoll, geliebt und interessant zu sein. Allerdings benötigt das Selbstwertgefühl immer neue Nahrung, und so nutzt sich das Gefühl von Attraktivität ab. Außerdem findet sich auch an einem schönen Körper ein Makel, und es gibt noch viele andere attraktive Menschen, deren Körper Interesse wecken. Da hilft nur eines: Der Körper muss noch attraktiver werden. Es entsteht die Sehnsucht nach sexueller Vollkommenheit.

In Sportstudios wachsen Muskeln und schmelzen Problemzonen, Diäten versprechen Schlankheit, und die richtige Kleidung verstärkt den Sex-Appeal. So kann das Leben von der Sehnsucht nach sexueller Vollkommenheit beherrscht sein, aber auch die Fantasiewelt. Dann steht der eigene Körper im Vordergrund, den der fantasierte Partner unwiderstehlich findet, den er wie ein Kunstwerk bestaunt und der ihm sexuelle Erfüllung verschafft.

Ein durchschnittlich attraktiver Mensch träumt seltener von sexueller Vollkommenheit, er kann aber durch die Verschmelzung mit einem attraktiven Partner an ihr Anteil bekommen. Im Klischee darf sich der dicke Kahle an der jungen Schönen berauschen, wenn er nur reich ist. Mit der sexuell vollkommenen Frau an seiner Seite verwandelt sich Spott in Bewunderung.

Wenn Filme, Werbung oder Pornografie die erotische Fantasie von Menschen ansprechen wollen, setzen sie in der Regel auf makellose Schönheit. Wäre es nicht erregender, weil realistischer, wenn sich durchschnittlich attraktive Personen als Fantasieobjekte anbieten würden? Zu schwach ist der Realitätssinn, zu stark die Sehnsucht nach sexueller Vollkommenheit. Nur die makellos Schönen können mich in den Club wertvoller und liebenswerter Menschen aufnehmen.

Tipps für Vollkommenheitssucher

- Nehmen Sie Abschied von der Magie des Körpers. Wenn Sie Ihrem Körper die Last aufgelegt haben, Ihr Selbstwertgefühl, Ihre Identität zu tragen – entlassen Sie ihn aus dieser Aufgabe. Wenn Sie schönen Menschen die Macht zuschreiben, Ihnen ein Gefühl von Wert und Zugehörigkeit zu schenken – befreien Sie sich von dieser Illusion.
- Gestehen Sie sich Selbstzweifel und Minderwertigkeitsgefühle ein. Versöhnen Sie sich mit Ihren Makeln und Schwächen. Treffen Sie einen Entschluss: „Ab heute bejahe ich meinen Körper, meinen Charakter, meine Fähigkeiten. Ich schiebe überkritische Gedanken energisch beiseite und hüte mich vor Bemerkungen, mit denen ich mich selbst schlecht mache. Ich schenke mir so lange eine liebevolle Aufmerksamkeit, bis ich zu allen Seiten meiner Person wertschätzende Gedanken gefunden habe.“
- Lernen Sie, die Zuneigung anderer Menschen zu spüren: in einem Lächeln, einer interessierten Frage, einem anerkennenden Wort, in einem Anruf, einem Brief, gemeinsam verbrachter Zeit.

Fantasien von gleichgeschlechtlicher Liebe

Gleichgeschlechtliche Liebe taucht auch in den Fantasien von Menschen auf, die vorwiegend heterosexuell empfinden. In ihnen drückt sich häufig eine Unsicherheit in der Identität als Frau oder Mann aus. Eine Frau, die sich nicht richtig als Frau fühlt und anderen Frauen nicht zugehörig fühlt, sehnt sich manchmal nach einer Intimität, in der sie sich mit einer Frau vereinigen kann. In der sexuellen Fantasie holt sie nach, was die Mutter versäumt hat: Sie als Mädchen in die Weiblichkeit einzuführen und in die Gemeinschaft der Frauen aufzunehmen. Dabei sind in der Fantasie beide Rollen möglich: die der sexuell sicheren Frau, die die unsichere Frau in die Welt der Weiblichkeit hineinliebt, oder auch die Rolle der unsicheren Frau. Bei den Männern kommt es zu entsprechenden Entwicklungen und Fantasien.

Seltener drückt sich in gleichgeschlechtlichen Fantasien auch eine erotisierte Mutter- oder Vatersehnsucht aus. Die Sehnsucht richtet sich dann auf eine mütterliche Frau oder einen väterlichen Mann. Sie sucht weniger Lust und Verschmelzung, sondern mehr die Nähe und Zärtlichkeit, die in der Kindheit schmerzlich entbehrt wurde.

Tipps für vom eigenen Geschlecht Faszinierte

- Wer in seiner sexuellen Fantasie Weiblichkeit von einer Frau empfängt oder Männlichkeit von einem Mann, gerät in eine Abhängigkeit. Er schöpft aus einer fremden Quelle, statt aus der eigenen zu schöpfen. Sexuelles Wachstum bedeutet hier, sich von der fremden, scheinbar im Übermaß sprudelnden Quelle abzuwenden und stattdessen geduldig zu warten, bis Wasser aus der eigenen aufsteigt.

- Die Sehnsucht nach dem gleichen Geschlecht weist in eine gute Richtung. Suchen Sie (nicht-sexuelle) Frauen- oder Männergemeinschaft. Bauen Sie Freundschaften auf oder vertiefen Sie diese. Setzen Sie Schamgefühlen, Unterlegenheitsgefühlen oder einem Gefühl von Ablehnung, die möglicherweise auftauchen, ein Vertrauen entgegen – ein Vertrauen auf den Wert Ihrer Weiblichkeit oder Männlichkeit, ein Vertrauen auf die Tragfähigkeit gleichgeschlechtlicher Freundschaften.

Fantasien von Macht und Erniedrigung

In Fantasien von Macht und Erniedrigung vermischen sich Liebe und Aggression: fesseln und gefesselt werden; peitschen, schlagen, kratzen, beißen oder dasselbe erleiden; vergewaltigen oder vergewaltigt werden.[27] Daneben treten Szenen der Erniedrigung: Menschen knien nackt auf dem Boden, werden in erniedrigender Weise entkleidet oder mit Worten gedemütigt.

Diese Spielarten sexueller Fantasien lassen sich mit dem Begriff des Sadomasochismus zusammenfassen. Die Vorstellung, zu quälen oder gequält zu werden, steigert die Lust. Beim Sex entsteht ein Raum für kleine Feindseligkeiten und Racheakte, die der Partner bejaht, ja sogar begehrt.

Wer als Kind in einem Klima von Quälerei oder Selbstquälerei aufgewachsen ist, in einem Klima unterschwelliger Aggression und Feindseligkeit, entdeckt im Jugendalter manchmal eine sadomasochistische Färbung seiner

Fantasiewelt. In diesem Fall identifiziert sich der Betroffene mit einem Elternteil, den er als sadistisch erlebt hat, und entwickelt selbst eine Lust am Quälen. Das weckt Schuldgefühle. Diese baut er ab, indem er sich vorstellt, gequält zu werden. Dabei erlebt er eine lustvolle Buße für seine bösen Fantasien.

Tipps für Machtfaszinierte

- Beginnen Sie Liebe und Aggression zu entmischen. Verzichten Sie auf den Liebesbeweis: „Du zeigst mit deine Liebe, wenn du dich sogar quälen und erniedrigen lässt", „Ich zeige dir meine Liebe, indem ich mich sogar quälen und erniedrigen lasse." Lassen Sie den Menschen, den Sie lieben und begehren, nicht mehr zur Zielscheibe Ihrer verborgenen Aggressionen werden.
- Befreien Sie sich vom Einfluss verletzender oder demütigender Erfahrungen. Vielleicht sollten Sie Ihrem Vater vergeben, z. B. seine boshaften und herabsetzenden Bemerkungen. Vielleicht vergeben Sie Ihrer Mutter, z.B. dass sie wissentlich Ihre Privatsphäre verletzt hat.
- Leben Sie private Beziehungen möglichst machtfrei: ohne Drohen, Fordern, Kleinmachen, ohne Bedingungen zu setzen. Vertrauen Sie darauf, dass die meisten Menschen Ihren Wünschen freiwillig entgegenkommen, sobald eine persönliche Bindung entstanden ist. Falls es zu Konflikten kommt: Lassen Sie Ihre Wut zu und lernen Sie, sich auf faire und diplomatische Weise zu behaupten.
- Der Verzicht auf Macht öffnet die Tür zu einer neuen Erotik: Ein freies Wesen schenkt Ihnen seine Zuneigung

und verbindet sich mit Ihnen. Seine Liebe hebt Ihre Ohnmacht auf.

Fantasien des Zeigens und Schauens

Den eigenen Körper zu zeigen oder den eines anderen zu betrachten, stellt Intimität her, schneller und intensiver, als es z. B. durch ein Gespräch möglich ist. An dem plötzlichen Einbruch in einen Raum der Intimität kann sich sexuelle Lust entzünden. Hierher gehören voyeuristische Fantasien, bei denen die Blicke auf einen nackten Körper treffen oder auf Menschen, die Sex haben. Auch pornografische Bilder oder Filme stellen eine voyeuristische Situation her. Das Gegenstück bilden exhibitionistische Fantasien, bei denen das Zeigen des nackten Körpers den anderen in einen Raum der Intimität hineinnimmt oder auch hineinzwingt – wie im Fall des Exhibitionisten.

Fantasien des Schauens und Zeigens wurzeln in den frühen Erfahrungen mit Intimität. Sie finden sich bei Menschen, die einen Mangel an guter zwischenmenschlicher Intimität erlebt haben oder die Wechselbäder zwischen einem Intimitätsmangel und grenzüberschreitender Intimität erlitten haben. Der sonst kalte und distanzierte Vater bedrängte seine Tochter mit Zärtlichkeiten, wenn er einige Gläser Wein getrunken hatte. Die Mutter, die sonst sehr mit sich selbst beschäftigt war, blätterte wie selbstverständlich im Tagebuch ihres Sohnes oder fragte, welche Mädchen ihm gefallen.

Wer sich nach Intimität sehnt, sie aber aus Angst oder mangelnder Erfahrung nicht aufbauen kann, verlagert seine Suche manchmal auf die Sexualität. Im Betrachten oder

Zeigen des Körpers lässt sich Intimität auf einfache und ungefährliche Weise herstellen.

Tipps für Intimitätssuchende

- Fantasien des Schauens und Zeigens haben einen Suchtcharakter, mehr als andere Fantasien. Sie befriedigen eines der wichtigsten menschlichen Grundbedürfnisse und erschweren gleichzeitig den Aufbau echter Intimität, so wie alle Ersatzbefriedigungen die Suche nach echter Befriedigung erschweren. Leider hilft hier nur der Entzug mit allen Begleiterscheinungen innerer Spannung, Frustration, Leeregefühlen und Depression. Dabei können die Hinweise zur Überwindung von Sexsucht auf Seite 28 hilfreich sein.
- Lernen Sie, zwischenmenschliche Intimität aufzubauen. Investieren Sie Geduld und Vertrauen, um sich in kleinen Schritten einem anderen Menschen vertraut zu machen. Teilen Sie Ihre Gefühle, Sehnsüchte und Sorgen mit – soweit es die Vertrautheit der Beziehung schon zulässt. Erlauben Sie Ihren Gefühlen, sich im Gesichtsausdruck, in Gesten, Körperhaltung und in spontanen Bemerkungen auszudrücken. Laden Sie andere in einen Raum der Intimität ein, indem Sie aufmerksam zuhören, Interesse äußern und durch wertschätzende Worte ermutigen.

Ein Überblick fasst die Themen noch einmal zusammen, um die sich sexuelle Fantasien drehen.

Thema	Sehnsucht	Lebensaufgabe
Retten	materielle oder emotionale Not überwinden	die menschliche Verwundbarkeit annehmen und Halt in Beziehungen finden
Paradiessuche	die Entfremdung vom eigenen Körper und vom eigenen Wesen überwinden	das eigene Wesen entdecken und ausdrücken lernen; Kompromisse zwischen Echtsein und notwendiger Anpassung schließen
Sexuelle Vollkommenheit	sich lieben können, sich geliebt fühlen	sich mit Unzulänglichkeiten versöhnen, die Liebe anderer Menschen spüren lernen
Rausch	Glücksgefühle erleben oder sich betäuben	eine genussvolle Beziehung zum Alltag und zu anderen Menschen finden; negative Gefühle bewältigen lernen

Thema	Sehnsucht	Lebensaufgabe
gleichgeschlechtliche Liebe	ein Gefühl von Frausein/Mannsein finden	sich selbst als vollwertige Frau, als vollwertiger Mann sehen lernen; gleichgeschlechtliche Freundschaften aufbauen oder vertiefen
Macht	die eigene Macht über einen geliebten Menschen spüren	gute Formen der Selbstbehauptung erlernen; Vertrauen in die freiwillige Zuwendung anderer finden
Zeigen und Schauen	Intimität erfahren	Beziehungsängste abbauen und Intimität aufbauen

Der Überblick deckt die wichtigsten Themen sexueller Fantasien ab, vollständig ist er nicht. Da gibt es noch Fantasien von schmutziger und verbotener Liebe. Es gibt sexuelle Fantasien, die sich auf Kinder oder erheblich ältere Menschen richten. Seltener tauchen Fantasien auf, in denen Gegenstände wie Stiefel oder bestimmte Körperteile die Hauptrolle spielen. Wem solche Gedanken zur Last werden, kann unter therapeutischer Begleitung entdecken, welchen Sehnsüchten seine Fantasien entspringen.

Die Folgen der Selbstbegegnung

Sie haben gesehen, wie sehr sich sexuelles Erleben mit den unterschiedlichsten Lebensthemen vermischt: mit der Suche nach unserem wahren Ich, nach einem guten Selbstwertgefühl, mit dem Bedürfnis nach Erfüllung, Intimität und Macht. Am Ende dieses Kapitels möchte ich noch einen Ausblick geben, was sich auf dem Weg der sexuellen Entwicklung ereignen kann. Im ersten Kapitel habe ich beschrieben, wie sich im Menschen ein ungelebter Teil der Sexualität verbirgt. Selbst in einer Partnerschaft verbirgt er sich, weil ihm zu viel Fremdes, Verbotenes und Peinliches anhaftet. Er wird entweder auf Kosten der sexuellen Lebendigkeit unterdrückt oder sucht sich Nischen in der Fantasiewelt, im Flirt, im Seitensprung oder auch durch einen Partnerwechsel.

Sexuelle Entwicklung schafft diesem ungelebten Teil der Sexualität einen Lebensraum. Sie erkennt das Lebensthema und die Sehnsüchte, die hinter der sexuellen Fantasie stehen. Sie verzichtet auf Sexualität, wenn sie als Ersatzbefriedigung für emotionale Bedürfnisse dient, und versucht stattdessen, diesen Befriedigung zu verschaffen. Sie spürt Blockaden in der partnerschaftlichen Sexualität auf und sucht neue Erfahrungen, die die Sexualität bereichern und vervollständigen. So stellt sich die sexuelle Entwicklung den konflikthaften Lebensthemen und sorgt für ein Persönlichkeitswachstum, das auch den Alltagsbegegnungen mit dem anderen Geschlecht eine neue Qualität gibt. Mit zwei Beispielen aus der Psychotherapie möchte ich solche Wege der sexuellen Entwicklung veranschaulichen.

Jan wird als Krankenpfleger von seinen Patienten sehr geschätzt. Er ist lebendig, impulsiv und hat eine scharfe

Beobachtungsgabe. Im Gespräch mit mir stellt er sich schnell auf mich ein. Dabei entsteht rasch eine emotionale Nähe, bei der mir heiß und kalt wird und die es mir schwer macht, einen therapeutischen Abstand zu wahren. Jan zieht mich binnen Minuten in sein konflikthaftes Lebensthema hinein: Intimität. Frauen sprechen sehr auf Jans Ausstrahlung an. So vergehen von einer anonymen Begegnung im Supermarkt bis zum ersten Kuss oft nur wenige Stunden. Bald fühlt sich Jan aber von der Enge der Beziehung bedrängt und stößt die Frau schroff zurück. Mir verübelt Jan, dass ich mich auf eine so schnelle Intimität nicht einlasse, er wirft mir vor, kühl und abweisend zu sein. Das Lebensthema der Intimität spiegelt sich auch in seiner Sexualität. Bevor er seine Wirkung auf Frauen entdeckt hat, hat Jan seinen Hunger nach Intimität in Selbstbefriedigungsfantasien gestillt, in einer Weise, wie ich sie im Abschnitt ‚Fantasien des Zeigens und Schauens' beschrieben habe. In seiner Partnerschaft setzt sich Jan unter großen Druck, ein guter Liebhaber zu sein. Er erspürt die sexuellen Wünsche seiner Freundin und bietet ihr ein Feuerwerk inniger Erfahrungen. Doch kaum ist die Liebesnacht vorbei, fühlt sich Jan unfrei und von den Wünschen der Freundin erdrückt. Er denkt an Trennung.

Jans Therapie beginnt mit einer Verzichtarbeit, die er auch in der Begegnung mit mir durchstehen muss: dem Verzicht auf die rasche, rauschhafte Intimität zugunsten von einem allmählichen Vertrautwerden, das auch eine Wegstrecke von Fremdheit, Abstand und Alleinsein beinhaltet. Sein Persönlichkeitswachstum kommt in Gang, als er lernt, sich von den Nähewünschen und emotionalen Bedürfnissen anderer Menschen abzugrenzen. Bislang hat er sie reflexhaft erfüllt und Ablehnung gefürchtet, falls er sich verweigert. Zu Beginn der Therapiezeit haben die Mitpatientinnen Jans Nähe gesucht, sich trösten und ihren emotionalen Tank füllen lassen. Jan entdeckt, dass er auch geschätzt und ein Teil der Gemeinschaft bleibt, wenn er seine Zuwendung für andere auf ein Normalmaß beschränkt. Diesen Lernschritt wird Jan auch auf seine sexuelle Beziehung übertragen müssen. Er wird seiner Freundin zumuten, ihre sexuellen Bedürfnisse nur noch im Abgleich mit den eigenen zu befriedigen. Er wird ihr in sexueller und emotionaler Hinsicht die Frustrationen und Enttäuschungen zumuten, die zum Alltag einer Partnerschaft gehören. Im Laufe der Zeit wird er eine andere Intimität entdecken, nämlich dass er seine Persönlichkeit in der Beziehung nicht einebnen muss, dass gerade sein Anderssein und seine Grenzen eine erotische Spannung erzeugen.

Heike macht sich zum Opfer. Sie kann nicht Nein sagen, erfüllt ihre Pflichten bis zur Erschöpfung und wehrt sich nicht, wenn sie jemand angreift. Weil sie sich selbst nicht helfen kann, braucht sie einen Retter. Sie sucht die Nähe zu besonders einfühlsamen und verantwortungsbereiten Menschen, und in ihren sexuellen Fantasien schaffen Männer eine spannungsfreie Atmosphäre von Geborgenheit. In ihrer Partnerschaft fühlt sich Heike sexuell blockiert, zu oft hat sie sich schon auf Dinge eingelassen, die sie eigentlich nicht wollte. Jetzt hat sie keine Lust mehr. In meinem Umgang mit Heike entdecke ich Retterallüren. Ich verhalte mich ihr gegenüber besonders behutsam, versuche ihre Bedürfnisse zu erraten und sie vor unsensiblen Mitpatienten zu schützen.

Heikes Verzicht ist ein doppelter. Sie lernt die Unschuld des Opfers loszulassen und sich im Neinsagen und in der Gegenwehr auch einmal die Finger schmutzig zu machen. Gleichzeitig löst sie sich von der Hoffnung, von einem Retter geschenkt zu bekommen, was sie sich selbst nicht zu nehmen wagt. Unter großer Angst lernt sie, in der Partnerschaft zu ihren sexuellen Bedürfnissen zu stehen und auch einmal die Führung zu übernehmen, um auf ihre Kosten zu kommen. Sie entlässt ihren Mann aus der Verantwortung, ihre Bedürfnisse hellseherisch zu bemerken und neben dem Liebhaber noch ein aufmerksamer Beschützer zu sein. Sie befreit sich damit von der Macht erotischer Retterfantasien, die ihren Umgang mit Männern bestimmt haben.

Was bleibt an Fantasie und Selbstbefriedigung?

Wenn die sexuelle Entwicklung in Gang kommt, dann verringern sich Fantasien und die begleitende Selbstbefriedigung. Die Bühne, auf der Szenen erprobt werden können, die im wirklichen Leben keinen Platz finden, wird immer weniger benötigt werden. Sie kommt nur noch dann in Gebrauch, wenn intensive sexuelle Reize auf uns eindringen, so, wie die Szenen eines ergreifenden Theaterstücks später in unserem Kopf noch mehrfach ablaufen und sich mit unserer Fantasie und unseren Erfahrungen vermischen.

An dieser Stelle begegnen wir der Selbstbefriedigung unter einem anderen Blickwinkel. Wir haben sie im ersten Kapitel als Ort betrachtet, an den die ungelebten Seiten der Sexualität fliehen. In diesem Kapitel zeigt sie sich als Schmiede, in der die sexuellen Fantasien geformt werden. Unter der Glut tiefer menschlicher Sehnsüchte, unter den Hammerschlägen der Lebensgeschichte erhalten sexuelle Fantasien ihre individuelle Gestalt.

Selbstbefriedigung ist zunächst ein Ausdruck der Ich-Kräfte eines Menschen, ein Ausdruck seiner Suche nach Lust und Lebendigkeit. Entwicklungspsychologisch beginnt diese Seite der Selbstbefriedigung meist in der Zeit der Pubertät, also jener Zeit, in der sich die sexuellen Vorgänge des Körpers zeigen und sich ein Bewusstsein für das eigene Geschlecht vervollständigt. Bei dieser Selbstbefriedigungspraxis steht der Genuss der eigenen sexuellen Reaktion im Vordergrund. Viele Singles leben in dieser Form der Selbstbefriedigung die körperliche Seite ihrer Sexualität.

Selbstbefriedigung entstammt auch der Du-Suche eines Menschen. Schon Kinder pflegen romantische Fantasien, Jugendliche reichern sie mit Küssen und Zärtlichkeiten an, bald auch mit sexuellen Elementen. In Selbstbefriedigungsfantasien drücken sich oft Sehnsüchte aus, die Personen aus dem Lebensumfeld wecken. Auch in sexuellen Fantasien von einem Traumpartner zeigt sich die Du-Suche, die Suche nach zärtlicher Gemeinschaft und ausschließlicher Verbundenheit mit einem anderen Menschen.

In der Du-suchenden Selbstbefriedigung reift ein Bild von intimen Beziehungen, das späteren Begegnungen seine Atmosphäre und Gestalt einprägen wird. Ein Bild von Intimität formt sich natürlich auch in anderen Situationen, aber in der Glut der intensiven Körpererfahrung dringt es in seelische Schichten, die sonst nur in realen

Beziehungen erreicht werden. Wer mit einer psychologischen Distanz auf seine Du-suchende Selbstbefriedigung blickt, wird sich fragen, welche Bilder von Intimität partnerschaftstauglich sind und welche nicht. Er kann prüfen, welche Fantasien reale Intimitätserfahrungen fördern und welche sie verbauen.

Wenn sich die Fantasien auf Personen aus dem Lebensumfeld richten, sexualisieren sie diese Beziehungen. Mancher mag sich denken: „In meinen Fantasien finde ich ein Ventil. Wenn sich meine sexuellen Gefühle gegenüber ihr oder ihm in der Selbstbefriedigung entladen dürfen, bin ich in der wirklichen Begegnung freier." Doch eine solche Theorie des Abreagierens von Gefühlen hat die Sozialwissenschaft zu den Akten gelegt. Fantasien hinterlassen ganz ähnliche Spuren im Gehirn wie wirkliche Erfahrungen. So trainieren Leistungssportler kritische Situationen auch in der Fantasie (mentales Training), um eine perfekte neurobiologische Bahnung zu erreichen. Wer in seinen Freundschaften und Alltagsbeziehungen zum anderen Geschlecht keine sexuelle Unterströmung fließen lassen will, wird seine Selbstbefriedigung auf andere Ziele lenken, z. B. auf eine lustvolle Begegnung mit dem eigenen Körper oder auf einen Fantasiepartner. Wer um den Einfluss der Fantasien weiß, wird seine sexuelle Bilderwelt lenken. Er wird Bilder von Intimität entwickeln, deren Atmosphäre und Beziehungsqualität auch in eine Partnerschaft einfließen darf.

Schließlich kann die Selbstbefriedigung auch eine Antwort auf die Welt sein, auf ihre Verlockungen und Versprechungen, auf ihre Frustrationen und Plagen. Die eine sucht in der Selbstbefriedigung, was ihr das Leben vorenthält[32]. Der andere sucht Trost nach den Schlägen des Alltags. Wenn einer meiner Patienten diese Form der Selbstbefriedigung pflegt, packt mich eine therapeutische Eifersucht. Gerade die Gefühle, die er im Gespräch mit mir bewegen soll, verschwinden in seinem privaten sexuellen Erlebnis: Schmerz, Zorn, Frustration oder emotionaler Hunger. Meist enthält der Betroffene nicht nur mir seine wahren Gefühle vor, sondern auch seiner Ehefrau und seinen Freunden. Er blockiert seine sexuelle Entwicklung und nutzt die Selbstbefriedigung wie andere den Alkohol: als Beruhigungsmittel, als Antidepressivum, für einen kurzen Rausch in einem frustrierenden Alltag. Wer in seiner Persönlichkeitsentwicklung wachsen will, wird diese Form der Selbstbefriedigung ablegen wollen. Er kann den direkten Weg gehen und auf die Selbstbefriedigung verzichten. Das fordert allerdings ein hohes Maß an Selbstkontrolle, weil die beschriebene Form der Selbstbefriedigung den Gesetzen des Suchtverhaltens unterliegt. Es gibt aber auch einen Weg durch die Hintertür. Auf diesem Weg drücken Betroffene die schwer erträglichen Gefühle gegenüber Vertrauenspersonen aus und beziehen sie allmählich in die Lebensgestaltung ein. Wer oft frustriert ist, wird vielleicht seine Verpflichtungen verringern und lernen, sich etwas zu gönnen. Wer oft unter Druck steht, wird Rückhalt bei vertrauten Menschen suchen, lernen, Nein zu sagen und zu den eigenen Grenzen zu stehen. Irgendwann wird das Ventil der Selbstbefriedigung entbehrlich. Rückfälle lassen sich als Warnanzeige sehen: „Dein emotionaler Tank ist fast leer! Deine Drehzahl ist zu hoch!“

Ich bin mir darüber im Klaren, dass manche meiner Empfehlungen einen lustmindernden Eingriff in Ihre Fantasie bedeuten. Schließlich zieht es die Fantasien dorthin, wo ein Höchstmaß an Lust entsteht. Doch wird sich der Fluss der sexuellen Energie, dem sein gewohntes Flussbett verbaut wird, nur eine Weile stauen. Er wird sich neue Wege bahnen. Es wird ein Flusslauf entstehen, der besser in die seelische Landschaft passt, der weniger Abwässer aus konflikthaften inneren Themen aufnimmt und der bislang dürre Regionen fruchtbar macht.

5. Sex in der verbotenen Zone – wenn es zwischen Helfern und Schutzbefohlenen knistert

Sie befinden sich nun etwa in der Mitte des Buches. Die vorausgegangenen Kapitel haben einige Grundlagen für ein Verständnis von Sexualität gelegt. Das erste Kapitel hat den Grundkonflikt aufgezeigt, inwieweit ein Mensch seine Sexualität auslebt oder begrenzt. Das zweite und dritte Kapitel hat sich der dunklen Seite der Sexualität gestellt. Der männlichen, die Frauen in eine pornografische und süchtige Fantasiewelt zieht, in der sich Aggression entlädt und in der ein Mann Entschädigung für vergangene Frustrationen sucht; der weiblichen, die die sexuelle Ansprechbarkeit von Männern nutzt, um ihre emotionalen Bedürfnisse zu stillen und um Männer zu beeinflussen. Und schließlich hat das vierte Kapitel veranschaulicht, welche unbewältigten Lebensthemen sich in den sexuellen Fantasien ausdrücken und welche Schritte für die Persönlichkeitsentwicklung naheliegen.

Ich richte den Blick zunächst auf Situationen, in denen Sexualität häufig auftaucht, obwohl sie dort ausgeklammert werden sollte: Abhängigkeitsbeziehungen zwischen Männern und Frauen.

Die verbotene Zone

In unserer Gesellschaft gibt es eine Übereinstimmung darüber, dass in Abhängigkeitsverhältnissen keine sexuelle Annäherung vorkommen sollte. Die Vertrauensbeziehung zwischen einem Helfer und seinem Schutzbefohlenen gilt daher als verbotene Zone. Eine eindeutig und strafrechtlich geschützte Zone ist die zwischen Lehrer und Schüler, zwischen Arzt und Patient oder Psychotherapeut und Patient sowie die zwischen Priestern bzw. Pfarrern und ihren Ratsuchenden. Aber auch im Vertrauensverhältnis zu Vorgesetzten bestehen ähnliche Bedingungen wie in der eindeutig verbotenen Zone, weil auch Vorgesetzte Chancen eröffnen und das Vertrauen ihrer Mitarbeiter gewinnen.

Autoritätspersonen haben Macht über das Leben von Menschen, die ihnen anvertraut sind. Sie verteilen gute oder schlechte Zeugnisse, erleichtern oder erschweren den Lebensweg, engagieren sich als Helfer oder beschränken sich auf ihre Pflicht. Wenn sie das Vertrauen ihrer Schutzbefohlenen gewinnen, wächst auch ihr Einfluss auf deren Selbstwertgefühl, ja auf ihr Lebensglück.

Für Viola war Pfarrer Vogt wie ein Ersatzvater, das Pfarrhaus ein Zufluchtsort, an den sie vor der Kälte und Brutalität der eigenen Familie fliehen konnte. Viola ist zu scheu gewesen, um auf Pfarrer Vogt zuzugehen. Aber mit ihren langen, sehnsüchtigen Blicken hat sie im Kindergottesdienst seine Aufmerksamkeit gewonnen. Als er einmal seine große Hand auf ihre Schulter gelegt hat, hat sie die Berührung noch zu Hause gespürt, als hätte ein Engel auf ihr Platz genommen. Durch den Religions- und Konfirmandenunterricht ist die Kette der Begegnungen nie abgerissen. Bald war Viola ein gern gesehener Gast an der Kaffeetafel im Pfarrhaus. Einmal blieb sie, bis alle anderen gegangen waren. Pfarrer Vogt spürte, dass ihr etwas auf dem Herzen lag, bat sie in sein Arbeitszimmer und hielt Violas Schweigen aus. Schließlich brachen die Verzweiflung und die Angst aus Viola heraus, die sich seit Jahren in ihr verschlossen hatten. Pfarrer Vogt bot Viola weitere Gespräche an, in denen sie wieder Halt und Selbstvertrauen fand. Im Elternhaus und in der Schule lebte Viola wie ein Schatten, sie war da und doch nicht da. Ihre ganze Lebendigkeit, ihre Sehnsüchte, ihre bedeutsamen Gedanken hob sie sich für die Stunden mit Pfarrer Vogt auf. So luden sich die Gespräche mit einer knisternden Intensität auf.

Als der Pfarrer zum ersten Mal Violas Bluse aufknöpfte und ihre Brüste mit der behutsamen Zärtlichkeit eines Vaters streichelte, stand Viola neben sich. Als habe sie ihren Körper verlassen, beobachtete sie von außen die unwirkliche Szene. Hinterher fühlte sie sich schuldig und verwirrt, doch sie schob die unangenehmen Gefühle weg. Sie war froh, Pfarrer Vogt endlich einmal etwas zurückgeben zu können, und wollte die wertvolle Beziehung um keinen Preis verlieren.

Bald spürte Viola ihren Körper nicht mehr, und statt ihrer Gefühle behauste sie eine quälende innere Leere. Nur wenn sie sich auf einer Party betrank oder sich mit scharfen Gegenständen verletzte, fand sie wieder in die Welt des Fühlens zurück. Als sie sich von Pfarrer Vogt zurückzog, wurde Viola schwermütig, zog sich ins Bett zurück und grübelte, wie sie sich das Leben nehmen könnte. Über die Ereignisse schwieg sie. Sie schwieg auch in einer Psychotherapie, zu der sie ihre Eltern drängten. Sie schwieg auch, als sie zu uns in die Klinik kam. Was sie berichtete, wirkte wie ein Puzzle, bei dem einige Teile fehlen. Erst der Kontakt zu Mitpatientinnen, die ein ähnliches Schicksal hatten, gab Viola den Mut, ihren Pfarrer zu verraten.

Sex in der verbotenen Zone

Psychiater und Psychotherapeuten forschen darüber, was in der verbotenen Zone ihres Berufsfeldes vor sich geht. In Studien geben bis zu 7% deutscher Psychotherapeuten zu, eine Patientin geküsst oder mit ihr geschlafen zu haben. In den USA gestanden sogar 12,1% der männlichen Psychotherapeuten einen sexuellen Kontakt mit einer Patientin ein (gegenüber 2,6% der Psychotherapeutinnen).[29] In den USA wurden über 1000 Psychiater anonym befragt, 7,1% von ihnen berichteten von einem sexuellen Kontakt zu einer Patientin.[30] Wenn man anhand dieser Zahlen die Opfer abschätzt, kann man in Deutschland von etwa 600 Frauen im Jahr ausgehen, die in eine sexuelle Beziehung zu ihrem Psychotherapeuten verwickelt werden.[31]

Für andere Berufsgruppen liegen weniger aussagekräftige Zahlen vor. Nach einer kleineren Studie in den USA hatten 17% der Studentinnen einmal Sex mit ihren Professoren, weitere 30% hatten entsprechende Annäherungsversuche zurückgewiesen.[32] Der US-amerikanische Psychiater Peter Rutter, der über 3000 Fälle von sexuellen Übergriffen in der verbotenen Zone gesammelt hat, schätzt, dass über 10% Geistlicher im Laufe ihres Berufsweges einen sexuellen Fehltritt begehen. Bei Vorgesetzten dürfte die Quote noch höher liegen, weil sexuelle Beziehungen zu Mitarbeiterinnen nicht strafbar sind und in manchen Berufsfeldern auch toleriert werden.

Insgesamt dürfte die Zahl der Frauen[33], die in der verbotenen Zone zum Opfer werden, allein in Deutschland jährlich in die Tausende gehen. Viele von ihnen entwickeln dieselben Beschwerden, die Kinder nach einem sexuellen Missbrauch erleben: Sie fühlen sich von sich selbst und von anderen entfremdet, leiden unter Stimmungsschwankungen und einem schlechten Selbstwertgefühl. Sie durchlaufen depressive Krisen und werden in intimen Beziehungen misstrauisch.

In den folgenden Abschnitten gehe ich davon aus, dass der Mann in der Rolle des grenzüberschreitenden Helfers ist, der die Hilfe suchende Frau zum Opfer macht. Frauen überschreiten als Helferinnen die sexuellen Grenzen seltener.

Was treibt die Opfer?

Im Gegensatz zu Kindern, die sexuell missbraucht werden, haben Frauen in der verbotenen Zone Entscheidungsmöglichkeiten. Extrem selten werden sie durch körperliche Gewalt oder Erpressung zu Sex genötigt, er geschieht mit einem stillen Einverständnis.

Die Sehnsucht nach einem anteilnehmenden und fördernden Mann kann so stark sein, dass ihr fast jedes Opfer gebracht wird. Sie drückt sich in einem Interview aus, das Peter Rutter bei seinen Untersuchungen zur verbotenen Zone geführt hat:

Dr. Martin hatte mein Leben verändert. Ich stammte aus einer Familie, die meine innere Stimme, meinen Begriff von mir selbst, mein Interesse an Ideen und der Außenwelt in keiner Weise unterstützt hatte. Ich fühlte mich eingeschlossen und depressiv. Bevor ich ihn traf, wusste ich nicht einmal, dass ich einen Verstand besaß. Alles, was meine Eltern von mir wollten, war, dass ich für Männer attraktiv war und ihnen einige Enkelkinder beschaffen würde, und ich machte mich gleich an die Arbeit, um das zu erreichen.

Aber alles änderte sich, als ich an das College ging und einen Kurs bei Dr. Martin belegte. Er war ein unglaublich inspirierender Lehrer. Ich sog alles auf, was er sagte. Ich liebte es, mit ihm über meine Ideen zu sprechen und begann, mit großer Leidenschaft und Energie Psychologie zu studieren. Das war für mich wunderbar. Als er mich auch persönlich zu beachten begann, wuchs seine Bedeutung in meinem Leben.[34]

So ließ Marian ihren Lehrer gewähren, als er sich sexuell näherte. Auch nach den Übergriffen hielt sie an dem Mann fest, der ihr Talent erkannte und sie von den Beschränkungen befreite, die ihre Familie ihr auferlegt hatte.

Das nächste Jahr hindurch blieb ich tief deprimiert in meinem Haus und saß vor dem Ofen, um nicht zu frieren. Ich war ständig mit wechselnden Gefühlen über Dr. Martin beschäftigt, mal hasste ich ihn, fühlte mich missbraucht, abgetrennt, schuldig, und dann vermisste ich ihn schrecklich und sehnte mich nach der Beziehung, die wir gehabt hatten, bevor sie sexuell wurde, als er so respektvoll und so stärkend mit mir umgegangen war.

Ich verbrachte mehrere Jahre mit dem Versuch, meine eigene Wunde zu heilen, während ich sie tatsächlich vertiefte, indem ich mich Männern gegenüber verführerisch und erotisierend verhielt und versuchte, auf sie schön, interessant und dynamisch zu wirken. Das gelang mir sehr gut. Wie wundervoll hätte es sein können, und das macht mich noch immer traurig, wenn er verstanden und respektiert hätte, wie aufregend und anregend es für mich war, von ihm zu lernen und ihn als meinen Mentor zu haben; aber statt dessen entfernte er mich völlig von mir selbst. Ich war nahe daran, niemals zurückzufinden.[35]

Das stille Einverständnis von Frauen entsteht manchmal auch aus Mitgefühl mit dem Mann. In der sexuellen Annäherung offenbaren sich seine ungestillten Bedürfnisse und emotionalen Wunden. Frauen spüren: „Mit meinem Körper und meiner Weiblichkeit kann ich ihn tief berühren. Er stillt einen verborgenen Hunger an mir, ich lindere einen Schmerz, den er sonst niemandem zeigen kann." Eine Frau, die sonst so wenig für ihren überlegenen Förderer tun kann, darf seine emotionalen und sexuellen Wunden berühren.

Was treibt die Täter?

Von fördernden Beziehungen geht eine heilsame Kraft aus. Sie kann auch beim Helfer die Sehnsucht nach Heilung wecken. Ein Pastor, der selbst eine Zeit der Depression durchmachte, beschrieb seine Beziehung zu einer Ratsuchenden so:

Wegen meiner Bedürfnisse war es so, als sei Julia damals meine Seelsorgerin. Die Rollen waren eindeutig vertauscht. Sie heilte mich, obwohl ich wusste, dass ich sie nicht als Lebenspartnerin haben wollte.[36]

Plötzlich scheint die Frau, die in der Vertrauensbeziehung aufblüht, den Schlüssel zum Glück des Helfers in der Hand zu haben. Nur der kleine Schritt von der seelischen zur körperlichen Vertrautheit scheint ihn vom Glück zu trennen. Der Konflikt zwischen der beruflichen Verantwortung und privaten Wünschen wird zur Zerreißprobe. Ein erfolgreicher Psychiater gesteht in einem Interview:

Als ich schließlich die Grenze überschritt, hatte ich sehr dagegen angekämpft, um das niemals passieren zu lassen. Aber alle paar Jahre bekam meine Arbeit mit einer Patientin eine so starke erotische Spannung, dass ich von meiner Begierde nach Sex mit ihr überwältigt wurde. Ich kämpfte, um die Kontrolle zu behalten, da ich um die großen Gefahren wusste. Ich habe eine Karriere und einen Ruf in diesem Stadtteil aufgebaut. Ich wusste, dass ich mit einem Fehltritt viele Leute verraten würde, die mir wichtig waren: meine Patienten, meine Studenten und meine Kollegen, ganz zu schweigen von meiner Frau und meiner Familie.

Wann immer ich fühlte, dass ich die Kontrolle verlieren könnte, betete ich, dass diese Aufwallungen abflauen würden, bevor ich völlig überwältigt werden würde. Es gelang mir einige Male, diese Krisen durchzustehen, ohne eine Katastrophe anzurichten. Jedes Mal dachte ich: „Nie wieder. Ich werde niemals wieder so nahe an den Verlust der Kontrolle geraten.“ Aber ich habe mich nie einer Therapie unterzogen, um damit fertig zu werden. Jetzt kann ich mir eingestehen, weshalb nicht: Ich wollte nicht wirklich vermeiden, die Magie einer sexuellen Beziehung mit einer Patientin zu erfahren.[37]

Wie schützen sich Frauen in Vertrauensbeziehungen?
Ob sich Frauen in der verbotenen Zone schützen können, hängt von ihrem Männerbild ab. Es ist eine schmerzliche Wahrheit, dass zwei Seelen in der männlichen Brust wohnen: eine verletzte, die nach sexuellem Trost und Entschädigung verlangt, und eine voller schöpferischer Energie, die gerne fördert und Opfer bringt. Eine gefährliche weibliche Hoffnung glaubt an Männer, deren Brust nur von einer guten Seele bewohnt wird. Frauen mit dieser Hoffnung sind unvorbereitet und wehrlos, wenn ein Mann seine sexuelle Seite nicht zügelt. Sie verschließen die Augen, wenn ein Mann die sexuellen Grenzen testet. Manche sehen sogar für einige Momente der Selbsttäuschung in der sexuellen Annäherung ein Geschenk, eine Auszeichnung, mit denen sich ein Mann ihnen in besonderer Weise zuwendet.

Eine Frau, die ihr Männerbild vervollständigt, kann sexuelle Grenzüberschreitungen rechtzeitig erkennen und eine sexuelle Annäherung zurückweisen. Das erfordert Mut und wird durch ein Vertrauen in die gute Seite im Mann erleichtert. Ein Vertrauen, dass ein Mann sich nach einer Zurückweisung nicht rächt und seine Unterstützung nicht entzieht, wird in den meisten Fällen berechtigt sein. Die Empfehlungen für den Umgang mit der dunklen Seite männlicher Sexualität (Seite 38) sind auch in der verbotenen Zone hilfreich.

Eine Autorität begeht einen schweren Vertrauensbruch, wenn sie sich in der verbotenen Zone sexuell nähert. Eine Frau wird sich gut überlegen, ob sie die Beziehung noch fortsetzen will. Es wird von der Sicherheit abhängen, die sie im Umgang mit Männern empfindet, und auch davon, ob sich die Autorität korrigierbar zeigt oder weitere Annäherungsversuche macht.

Wenn sich eine Frau aus der Beziehung löst, tut sie dem Helfer und anderen Frauen einen Dienst, wenn sie den Vertrauensbruch meldet: bei der Ärzte- oder Psychotherapeutenkammer, beim kirchlichen Vorgesetzten oder der Mitarbeitervertretung eines Betriebes. Auch wenn Grenzverletzungen nicht nachweisbar sind, haben doch viele Verantwortliche ein Bewusstsein für sie. Schon eine peinliche Nachfrage kann einem Helfer den Anstoß geben, sich den dunklen Seiten seiner Sexualität zu stellen und Fehlverhalten zu überwinden.

Wie schützen sich Helfer?

Helfer müssen einige Grundsätze verinnerlichen, bevor sie ihre Arbeit in der verbotenen Zone aufnehmen:

- Es liegt in der Verantwortung des Helfers, die sexuelle Grenze in der verbotenen Zone einzuhalten, ganz gleich, wie verführerisch sich eine Frau verhalten mag.
- Erotische Signale sind in einer Abhängigkeitsbeziehung nie als sexuelle Aufforderung gemeint. In ihnen spiegeln sich Beziehungswünsche nach einer Nähe, Aufmerksamkeit und Unterstützung, wie sie Eltern schenken.
- Sexuelle Handlungen in der verbotenen Zone schädigen Frauen immer. In den sehr seltenen Fällen, in denen

Frauen selbst sexuelle Berührungen suchen oder ihren Körper entblößen, handelt es sich um selbstschädigendes Verhalten, das der Helfer unterbinden muss.

Intimität und eine erotische Spannung lassen sich in einer Vertrauensbeziehung nicht immer verhindern. Solange sie im Hintergrund bleiben und den Helfer nicht beeinflussen, sind sie unbedenklich. Wenn sich der Helfer in erotischen Fantasien verfängt, starke Gefühle für die anvertraute Frau entwickelt oder gar beginnt, die sexuelle Bereitschaft einer Frau zu testen, muss er Maßnahmen treffen.

Im offenen Gespräch mit anderen kann ein Helfer wieder Abstand finden. Dort findet er in seine Berufsrolle und in die Realität zurück. Er lenkt seine emotionalen Bedürfnisse wieder in sein Privatleben zurück und Illusionen verfliegen, wie z. B. die Illusion, in der Beziehung zu der anvertrauten Frau selbst Heilung und Glück zu finden. Erfahrene männliche Kollegen sind mit Versuchungssituationen vertraut und werden gerne Hilfestellung geben. Auch Supervisoren und Coaches, die bei beruflichen Herausforderungen begleiten, sind gute Ansprechpartner.

Auch in der Beziehungsgestaltung zu den Rat suchenden Frauen sind Maßnahmen möglich, die die Intimität begrenzen.

- Falls innige Blicke, eine kokette Verlängerung des Handschlags oder Komplimente zu Intimität führen, können die Verhaltensweisen kritisch angesprochen werden. Der Helfer sollte dabei nicht offenbaren, dass er sich sexuell angezogen fühlt. Er kann taktvoll erklären, dass solche Signale die Beziehung in einen zu privaten Rahmen ziehen, was von den gemeinsamen Zielen ablenkt.

- Das gemeinsame Ziel bestimmt auch das Maß, in dem sich eine schutzbefohlene Person öffnet. Ein Vorgesetzter wird ins Vertrauen gezogen, wenn eine Mitarbeiterin besondere familiäre Belastungen bewältigen muss. Er wird nichts über ihre Eheprobleme erfahren. Ein Psychotherapeut oder Psychiater wird keine Details aus dem Sexualleben einer Frau erfahren, es sei denn, sie kommt wegen sexueller oder Paarprobleme in die Therapie. Wann immer die Selbstöffnung einer Frau das notwendige Maß übersteigt, entsteht eine ungute Intimität. Über seinen Einfluss auf die Gesprächsthemen kann ein Helfer das Maß an Intimität steuern.
- Auch die äußeren Umstände entscheiden über die Intimität, die in einer Begegnung entsteht. Zu vermeiden sind: Termine am Abend, eine private Umgebung, gemeinsames Essen oder Trinken, Geschenke.
- Es wird im Leben eines Helfers vorkommen, dass seine eigenen ungelebten sexuellen Fantasien und die einer schutzbefohlenen Frau wie Schlüssel und Schloss zusammenpassen. Er spürt dann, dass sich die erotische Spannung kaum auflösen lässt, auch wenn er sich durch einen Dritten begleiten lässt. In diesem Fall sollte er die Frau an einen anderen Fachmann vermitteln. Der Beziehungsverlust kann für eine Frau sehr erschütternd sein. Dennoch ist ein erotisch verstrickter Helfer das größere Übel. Behutsame Begründungen für einen Wechsel könnten so lauten: „Die Themen, die wir zurzeit besprechen, berühren sensible Punkte aus meinem eigenen Leben. Ich habe Ihnen gegenüber nicht die Frei-

heit, meine Rolle als ... gut auszufüllen." – „Mit ... hat sich ein Thema/ein Problem ergeben, das ich als Mann nicht begleiten möchte. Ich möchte Sie deshalb gerne an eine weibliche Kollegin vermitteln."

Nie mehr unbefangen?

Soll sich eine Frau überhaupt noch in die verbotene Zone wagen? Soll sie sich überhaupt noch einem männlichen Arzt, Therapeuten oder Seelsorger anvertrauen? Soll sich eine Frau gegenüber einer fördernden Zuwendung eines Vorgesetzten oder Ausbilders abschotten? Das mag sich manche Leserin am Ende dieses Kapitels fragen.

Auch wenn die Zahl der Tabubrüche in der verbotenen Zone erschreckend hoch ist, wird die Mehrheit der Frauen in ihrem Leben keine sexuelle Annäherung durch einen Helfer erleben. Außerdem kann sich eine Frau schützen. Ohne ihr stilles Einverständnis wird sich der Helfer sexuell zurückhalten und sich wieder auf seine beruflichen Aufgaben konzentrieren. Eine Frau, die nicht ausblendet, dass auch ein Helfer ein sexuelles Wesen ist, wird erkennen, wenn eine ungute Intimität entsteht und eine sexuelle Annäherung zurückweisen. Notfalls muss sie die Beziehung abbrechen.

Ein abschließender Blick auf die verbotene Zone

Lassen Sie uns zum Schluss noch mit der Brille der vorangegangenen Kapitel auf die verbotene Zone schauen. Der Blickwinkel des ersten Kapitels ist der der ungelebten Sexualität, die sich entfesseln will. Gerade was der Helfer und die schutzbefohlene Frau in ihrem Alltag nicht leben können, droht sich in der verbotenen Zone zu entfesseln. In den Momenten erotischer Illusion fühlt sich der Helfer als potenter Supermann. Dieses Gefühl kann ihm seine Ehefrau kaum geben. Und umgekehrt kommt der Ehemann der Hilfe suchenden Frau an den heilenden und stärkenden Einfluss des Helfers kaum heran. In dieser besonderen Situation können sich erotische Fantasien entfesseln. Deshalb schützt die Auseinandersetzung mit den ungelebten Seiten der Sexualität beide, den Helfer und die Hilfe suchende Frau.

Mit der Brille des zweiten und dritten Kapitels erkennen wir das erotische Kraftfeld in der verbotenen Zone. Die dunkle Seite der weiblichen Sexualität übt eine formende Kraft auf den Helfer aus. Manchmal muss er sich aktiv entziehen, um sich nicht in den lebensspendenden, potenten Übermann der weiblichen Fantasie zu verwandeln. Die dunkle Seite der männlichen Sexualität zieht die Frau in eine Rolle, die das sexuelle Heimkino im Kopf des Mannes vorgibt. Wenn sie sich nicht entzieht, kann sie zum Objekt seiner sexuellen Fantasien werden, an dem er seine emotionalen Bedürfnisse in süchtiger und grenzverletzender Weise stillt.

Schließlich zeigt der Blick durch die Brille des vierten Kapitels die Rolle sexueller Fantasien. Sie bewirken, dass ein Psychiater bei 1000 Patientinnen mit einer erotischen Spannung professionell umgeht und bei der nächsten schwach wird. Sie bewirken, dass sich eine erwachsene Frau in der verbotenen Zone sexuell ausbeuten lässt, obwohl ihre Lebenserfahrung eigentlich ausreichen müsste, um sich zu schützen. Nur wenn die bedeutsamen sexuellen Fantasien wie Schlüssel und Schloss zusammenpassen, entsteht ein erotischer Sog, der Frauen und Männer in der verbotenen Zone mitreißen kann. Bei Viola und Pfarrer Vogt dürfte sich eine Mischung aus Retter- und Paradiesgarten-Fantasien getroffen haben. In emotionaler Hinsicht war Viola das Geschöpf von Pfarrer Vogt. Erst seine Zuwendung hauchte ihrer phantomhaften Existenz den Odem des Lebens ein. Genau das dürfte sich Viola von einem Mann ersehnt haben, genau das dürfte Pfarrer Vogt in elektrisierender Weise bestätigt haben.

6. Partnerschaft – das Feuer neu entfachen

Leidenschaft und erotische Anziehung lassen im Lauf der Jahre nach. Verliebtsein wandelt sich – wenn es gut geht – in Freundschaft. Wie ein Naturgesetz akzeptieren wir diese Erfahrung vieler Paare. Die Statistik zeigt: Nach etwa zehn Jahren Partnerschaft halbiert sich die Häufigkeit der sexuellen Begegnungen, bei jungen und älteren Paaren, ob kleine Kinder da sind oder nicht.[38]

Doch führende Paar- und Sexualtherapeuten stimmen überein: Das muss nicht so sein. Mit zunehmender persönlicher Reife können auch Leidenschaft und sexuelle Erlebnisfähigkeit wachsen. Michael Lukas Möller wendet sich kämpferisch gegen die Vorstellung, dass sich die erotische Anziehung verbraucht: „Etwa erotische Abnützung, Verschlissenheit, Verbrauchtsein? Nichts zeigt unheimlicher als diese verbreitete Auffassung, wie blindlings jedermann die Erotik als Ding, als Gebrauchsgegenstand ansieht. Was lebt, wie die Erotik, wächst, wenn es zum Leben kommt. Die Abstumpfungstheorie trifft fast nie zu."[39]

Ulrich Clement schreibt: „Hier ist ein Bild hilfreich: die Schwerkraft. Sie ist auch natürlich – Gegenstände fallen durch die Gravitation nach unten. Es sei denn, man aktiviert Gegenkräfte. Man kann Dinge wieder aufheben, man kann sie bewegen, kann mit ihnen jonglieren und, wenn es drauf ankommt, sogar zum Mond schießen. Ähnlich ist es bei der Erotik: Wir können sie zu Boden fallen lassen. Und dann liegt sie da. Es trifft also zu: Wenn wir nichts tun, wird Erotik von selbst schlechter. Oder wir heben sie auf, sehen sie uns neu an. Und wenn wir wollen, können wir jonglieren. Wenn wir wollen ...“[40]

Auch David Schnarch, einer der führenden amerikanischen Sexualtherapeuten, betont: „Ich kann nur wiederholen, dass der statistische Zusammenhang zwischen Zellulitis und sexuellem Potenzial sehr eng ist.“[41]

In den folgenden vier Abschnitten entdecken Sie die Psychologie sexueller Leidenschaft: Partnerschaft als Gespräch, als Spielwiese, als Band und als Werkstatt. Sie lernen, wie Sie das Naturgesetz einer erlöschenden Erotik überwinden können und wie Sie ein loderndes Feuer entfachen.

Partnerschaft als Gespräch

Das Gespräch dient unterschiedlichen Zielen, die alle für eine Partnerschaft wesentlich sind. Schon die einfachen Dinge des Zusammenlebens erfordern Abstimmungen: die Aufgabenteilung im Haushalt, die Einteilung von Zeit und Geld, die Gestaltung der Freizeit. Von den ersten Begegnungen an verständigt sich ein Paar über wichtige Lebensthemen. Wo will ich Prioritäten setzen, wofür mag ich meine Zeit und Kraft investieren? Wie viel Sicherheit, wie viel Neues brauche ich? Welche Menschen ziehen mich an, und wie will ich den Kontakt zu ihnen gestalten? Selbst wenn ein Paar nicht über diese Themen spricht, verständigt es sich unentwegt über sie: Er zieht sich von ihren Freunden zurück. Sie findet den Ski-Urlaub zu teuer. Er möchte die Kinder nicht verwöhnen, sie nicht zu hart zu ihnen sein. In alledem drückt das Paar seine Haltung zu grundlegenden Fragen des Lebens aus. „Man kann nicht

nicht kommunizieren", schreibt der Psychotherapeut und Kommunikationswissenschaftler Paul Watzlawick.[42] Und schließlich tauscht das Paar auch Gefühle füreinander und „Selbstportraits"[43] aus. Der andere erfährt, was der Partner für ihn empfindet, wie dieser sich selbst sieht, was ihn geprägt hat und was ihn bewegt.

Je offener das Gespräch sein darf, desto mehr Leidenschaft entsteht – und das auf ganz gegensätzliche Weise. Das offene Gespräch schafft Nähe und emotionale Berührung, gleichzeitig wird deutlich: Der andere ist nicht nur die vertraute Person, sondern auch ein Fremder, der mich überrascht und schockiert, der sich meinem Verstehen entzieht, der wieder neu gewonnen und erkannt sein will. Das offene Gespräch entreißt den Partner und schenkt ihn in neuer Intensität. Es bringt das Paar voran und versetzt es zurück in die Zeit, als der andere noch ein faszinierender Fremder war.

In diesem Abschnitt stelle ich einige bewährte Anregungen für das partnerschaftliche Gespräch vor. Ein hilfreiches Konzept stammt von dem Kommunikationswissenschaftler Schulz von Thun. Er machte die Ich-Botschaften bekannt, die zu einer offenen und kooperativen Gesprächsatmosphäre beitragen. Ich-Botschaften bestehen aus zwei Teilen. Der erste beschreibt die Situation, um die es geht, der zweite benennt die Gefühle und Wünsche des Sprechers. „Wenn du zu spät zu unserer Verabredung kommst, fühle ich mich missachtet." So wirken Ich-Botschaften zwar selbstsicher und klar, setzen den anderen aber nicht unter Druck. Das zeigt der Vergleich mit dem Vorwurf („Du bist so unzuverlässig!"), der Drohung

(„Das nächste Mal gehe ich einfach!“) oder der Manipulation („Wenn du mich lieben würdest, wärst du pünktlich“). Auch bei positiven Äußerungen erzielen Ich-Botschaften eine größere Wirkung als sogenannte Du-Botschaften. Vergleichen Sie: „Du bist handwerklich so geschickt“ mit „Es freut mich, dass du das Waschbecken wieder hinbekommen hast. Das gibt mir Sicherheit.“ Ich-Botschaften erfordern Mut. Der Sprecher steht zu seinen Gefühlen und Wünschen und macht sich so angreifbar. Außerdem vertraut er darauf, dass der andere auf ihn eingeht, auch wenn er keinen Druck ausübt. Aber gerade der Vertrauensvorschuss und der Verzicht auf den Druck entspannen das Gespräch. In der Partnerschaft entschärfen Ich-Botschaften Konflikte und helfen, einander besser zu verstehen.

In einer weiteren Gesprächskunst werden nur Psychotherapeuten geschult, obwohl ihr eine weite Verbreitung zu wünschen wäre: im Aufbewahren (Containing[44]). Wer ihr Prinzip durchschaut hat, kann sie auch auf den eigenen Alltag anwenden. Um es zu erklären, muss ich ein wenig ausholen. Jeder Mensch hat Seiten, die beim anderen negative Gefühle wecken. Wer sich selbst darstellt, erzeugt beim anderen ein Unterlegenheitsgefühl. Wer Gefahren ausblendet, erzeugt Angst. Wer sich sehr entblößt, erzeugt Scham. Wer an einer Opferrolle festhält, erzeugt zuerst Mitleid, später Ärger. Die Gefühle, die beim Zuhörer aufsteigen, bestimmen oft sein weiteres Gesprächsverhalten. Er distanziert sich, wechselt das Thema oder lässt sich in seiner Antwort von dem negativen Gefühl leiten, das der andere in ihm geweckt hat. Wenn ein Sprecher beispielsweise ein Vorhaben schildert und dabei alle Gefahren ausblendet, kommt der Zuhörer leicht in die Rolle eines Kritikers und Mahners. Er wird von der Angst, die der Sprecher in ihm weckt, fremdbestimmt. Dieser Effekt ist umso stärker, je näher ihm der Sprecher steht. Gegen die Fremdbestimmung, die in solchen Situationen entsteht, hilft die Technik des Aufbewahrens. Der Hörer lässt das negative Gefühl in seinem Inneren zu und bewahrt es dort auf, seien es Angst, Zorn, Scham, Traurigkeit oder ein Schuldgefühl. Er füllt es gewissermaßen in einen Behälter und weist ihm einen Platz zu: „Das ist das Gefühl, das du im Gespräch bei mir geweckt hast.“ Der Zuhörer gewinnt so Freiheit in seiner Reaktion. Er kann abwägen: „Will ich den anderen noch einmal warnen, oder entspanne ich mich, weil der andere ein erwachsener Mensch ist und selbst die Verantwortung für sein Verhalten tragen kann?“ Das aufbewahrte Gefühl kann nun einen wertvollen Dienst für das gegenseitige Verstehen leisten. Meist ist es ein Grundgefühl des anderen, das viel in seinem Leben bestimmt. Blendet der andere nicht deshalb Gefahren aus, weil er sonst von seinen Ängsten gelähmt würde? In einem günstigen Moment kann der Zuhörer das Gefühl wieder aus dem Behälter holen und es dem anderen zur Verfügung stellen: „Als du davon gesprochen hast, dass du deinem Chef blind vertrauen kannst, haben bei mir alle Alarmglocken geklingelt. Ich war so beunruhigt, dass ich kaum noch zuhören konnte.“ Der Partner wird nicht nur die Reaktion seines Zuhörers, sondern auch bald sich selbst besser verstehen. Gegenseitiges Verstehen vertieft die Erotik. Auch die allmähliche seelische Enthüllung voreinander schafft eine Nacktheit, die für einige Momente schamvoll, bald aber aufregend ist.

Michael Lukas Möller, Psychoanalytiker und Professor für Medizinische Psychologie, sah das Gespräch als „seelisches Aphrodisiakum", als seelisches Lust- und Liebesmittel.[45] „Das zentrale Geschehen für eine gute Erotik ist also die Entwicklung der Beziehung. Das sexuelle Erleben spiegelt genau die bewusste und unbewusste Verfassung der Beziehung. Manche Paare merken, dass in ihrer Beziehung „etwas nicht stimmt" oder etwas besonders gelungen ist, zuerst durch ein anderes Erleben im Bett."[46] Michael Lukas Möller entwickelte einige Regeln für ein „Zwiegespräch", das beide einlädt, sich mit ihrem ganzen Wesen in die Beziehung einzubringen. Dabei trifft sich das Paar einmal in der Woche für ein Gespräch von 90 Minuten und hält in dieser Zeit Ablenkungen fern. Jeder spricht über das, was ihn bewegt: über sich selbst, über die Beziehung oder wie er den anderen erlebt. Er gibt dem anderen Anteil an seiner Entwicklung, seinen Gefühlen, seinen Entdeckungen, aber nur so weit wie er mag. Deshalb sind keine Fragen an den anderen erlaubt, auch keine Ratschläge. Die Verbundenheit beim Gespräch entsteht dadurch, dass jeder seine Gedanken zu dem Thema beisteuert, das sich entwickelt. Das hört sich nicht schwer an, oder? Doch wer es ausprobiert, wird auch Ängsten begegnen: Will ich wirklich so viel vom anderen erfahren? Will ich mir wirklich selbst begegnen? Spreche ich auch Themen an, von denen ich weiß, dass sie nicht auf die Zustimmung des Partners stoßen oder bei ihm Ängste wecken? Die Ängste können so bestimmend werden, dass ein Paar Gründe sucht, Gespräche ausfallen zu lassen oder zu verschieben. Nach etwa zehn Gesprächen gewinnt ein Paar an Sicherheit und wird immer wieder auf diese Form des Gesprächs zurückkommen. Denn auch alle anderen Begegnungen werden durch die Gespräche achtsamer, respektvoller – und leidenschaftlicher.

Partnerschaft als Spielwiese

Rufen Sie sich doch einmal besondere Momente zu zweit in Erinnerung. – Haben Sie sie? Ich vermute, die meisten haben mit neuen Erfahrungen zu tun. Eine besondere Umgebung oder gemeinsame Entdeckungen können intensive Gefühle freisetzen. Erotische Schlüsselmomente drücken sich oft in der Erfahrung aus: „Das habe ich noch mit keinem anderen Menschen erlebt." Es gibt keinen Lebensbereich, in dem die Spielräume so groß sind wie in der Partnerschaft. Der Beruf, die Verantwortung für Kinder, der Haushalt legen dem Menschen ihre jeweiligen Sachzwänge auf. Doch in der Partnerschaft gibt es keine Vorschriften, keine Qualitätskontrollen und keine andere Verantwortung als die gemeinsame Freude.

Bevor ein Paar seine Beziehung als Spielwiese erschließen kann, muss es eine Aufgabe lösen. Eine Art von Aufgabe, die mein Ausbildungsleiter mit seinem Motto kommentierte: „Es ist einfach, aber nicht leicht." Das Paar muss Zeit füreinander finden. Es ist einfach. Ein gemeinsamer Abend in der Woche, ein Ausflugstag, ein Wochenende zu zweit, alles fest und unumstößlich im Terminkalender verankert, und schon betritt das Paar ein Land unbegrenzter Möglichkeiten. Es ist nicht leicht. Der anspruchsvolle Partner muss seine Aufgaben ruhen lassen, der gewissenhafte die Bedürfnisse anderer Menschen an die zweite Stelle setzen. Der sparsame Partner muss ein Ja zum Babysitter, zu Restaurantrechnungen und Reisekosten finden. Der freiheitsliebende Partner muss seinen Näheängsten standhalten und vertrauen, dass er auch in der Gegenwart des anderen genügend Freiräume findet.

Die folgende Liste gibt Ihnen Anregungen für besondere Momente:[47]

- *Reise in die Vergangenheit.* Das Paar sucht noch einmal bedeutsame Orte auf: den Ort der Hochzeitsreise, die erste gemeinsame Wohnung, den Geburtsort eines Kindes. Das kann auch in der Fantasie geschehen, wenn das Paar mit Stift und Papier durch die Zeit reist.

- *Ein Wochenende zu zweit.* Ob im Hotel, auf dem Campingplatz oder in der Wohnung von Freunden: Wichtig sind der Ortswechsel, ungestörte Zeit und eine Atmosphäre, die zu neuen Verhaltensweisen verlockt.

- *Ein Klostertag ohne Zölibat.* Das Paar nimmt sich Zeit zum gemeinsamen Gebet und zum Meditieren eines Bibeltextes oder einer anderen geistlichen Schrift. Für das Gebet geben Psalmen und kirchliche Liturgien eine Form vor, als Gedankenanstöße eignen sich Texte von Henry Nouwen, Dietrich Bonhoeffer oder Hans-Joachim Eckstein. Ein solcher Tag ermöglicht eine Kursbestimmung: Worauf steuert unser Leben zu? Wo wollen wir hin? Was ist uns wirklich wichtig?

- *Gemeinsame Liebe.* Das Paar stöbert gemeinsam in einer Buchhandlung oder in einem Veranstaltungskalender. Es findet einen Autor, Maler oder Komponisten, für den sich beide begeistern können. Kunst befreit vom „Staub des Alltags“ (Picasso)[48], lässt die eigenen Erfahrungen in einem neuen Licht erscheinen und eröffnet Raum für gemeinsame Träume.

- *Trimm dich fit und nimm mich mit!* Das Paar entdeckt einen neuen Sport: Badminton, (Mini-)Golf, Kegeln, Tennis, Wandern, Reiten, Schwimmen.

- *Von Paar zu Paar.* Der Austausch mit einem anderen Paar wird zur Quelle von Ermutigung und neuen Ideen. Wie gestaltet ihr eure gemeinsame Zeit? Wie geht ihr mit Unterschieden um (bezüglich Ordnung, Zeiteinteilung, Geld, Erziehung, Unternehmungslust)? Befreundete Paare werden auch über vertraulichere Themen sprechen: Wie geht es euch als Paar gerade? Worüber streitet ihr? An welchem Punkt kommt ihr nicht weiter? Ähnliche Impulse wie der Austausch von Paar zu Paar kann auch ein Eheseminar geben.[49]

Einer der kürzesten Wege zu neuen Erfahrungen kostet weder Zeit noch Geld noch Energie – nur ein wenig Mut: ein Rollenwechsel. In beinahe jeder Partnerschaft verfestigt sich mit der Zeit eine Rollenverteilung. Sie ist emotional, er sachlich. Er ergreift die Initiative, sie lässt sich führen. Sie ist ordentlich, er kreativ. Er ist direkt, sie diplomatisch. Oder jeweils umgekehrt. Wenn einer der Partner plötzlich aus seiner Rolle ausbricht, kommt die Partnerschaft in Bewegung, und neue Erfahrungsräume öffnen sich. In dieser Hinsicht ist die Partnerschaft wie ein Mobile, dessen Teile sich mit der Zeit ausgependelt haben. Sobald sich an irgendeiner Stelle ein Gewicht verlagert, bewegen sich auch die übrigen Teile mit. Vielleicht hat ja der sachliche Partner schon lange Lust, aus seiner Selbstkontrolle auszubrechen. Vielleicht würde er auch gerne einmal gefühlsgeleitete Dinge sagen oder tun. Wenn er dies wagt, sorgt er für Überraschungen und ermöglicht seinem Partner, vielleicht nach einem ersten Erschrecken, einen Seitensprung mit sich selbst: „Du bist ja fast ein anderer Mensch!“

Eine furchterregende, aber ergiebige Quelle für neue erotische Impulse fließt außerhalb der Beziehung. Es ist nur eine Frage der Zeit, bis sich einer der Partner einmal in einen Dritten verliebt. Dabei kommen alle Schattierungen vor, von einem flüchtigen Verliebtheitsgefühl bis zu einer überwältigenden emotionalen Bindung, die die Partnerschaft gefährdet. Die Begegnung mit dem Dritten verheißt offenbar etwas, das in der Partnerschaft noch nicht lebt. Aber was genau? Wie würden die ersten Rendezvous mit ihr oder ihm aussehen? Worüber würde ich sprechen? Wie sähe die Beziehung in einem Jahr aus? Wie würde sich das Zusammenleben gestalten? Wie liefe es im Bett ab? Und siehe da: Es entsteht eine Fundgrube von neuen Impulsen für die Partnerschaft. Warum nicht genau das mit dem Partner tun? Ein Paar, das die Impulse aufgreift, belebt nicht nur seine Beziehung, sondern beugt auch wirksam einem Seitensprung vor.

Ein Seitensprung mit seinem eigenen Partner ist in gewisser Hinsicht mühsamer. Die Beamtenfrau, die sich in einen Künstler verliebt, würde mit diesem manche Erfahrungen leichter machen als mit ihrem Mann. Ein Künstlertyp würde ihr den Entwicklungsprozess abnehmen, sich von gesellschaftlichen Erwartungen zu lösen, zu sich selbst zu stehen und die kreative, eigenwillige Seite ihrer selbst zu entdecken. Doch was soll sie hindern, genau das in ihrer Partnerschaft zu beginnen? Sie müsste es nur selbst tun. Sie müsste Kraft und Geduld aufwenden, um diese neue Seite ihrer selbst zu entwickeln und ihr in der Beziehung zu ihrem Mann einen Weg zu bahnen. Der Mann, dessen Beziehungsalltag von kindersicherer Kleidung, Müdigkeit und endloser gemeinsamer Hausarbeit bestimmt ist, wird sich nach dem verjüngenden Zauber eines Rendezvous sehnen. Das könnte er mit seiner jüngeren Kollegin leichter haben als mit seiner Frau. Aber auch mit ihr kann er zum Zauber der ersten Begegnungen zurückkehren. Er müsste nur selbst wieder den Liebhaber in sich entdecken und die Flucht aus dem Familienalltag gemeinsam mit seiner Frau organisieren.

Es ist nicht immer ratsam, den Partner in die Gefühle für einen Dritten einzuweihen. Wenn die Gefühle jedoch so stark sind, dass ein Seitensprung droht, muss der Partner als Verbündeter gegen die äußere Bedrohung gewonnen werden: „Hilf mir, unsere Partnerschaft zu schützen. Was mich dort anzieht, möchte ich mit dir aufbauen und erleben.“ Für einen Partner, der sich der Liebe allzu sicher ist und der nicht mehr in die Beziehung investiert, kann ein solches Geständnis auch ein heilsamer Schock sein. Denn meist verliebt sich derjenige in einen Dritten, dessen Partner die emotionale und erotische Entwicklung bremst.

Nach all diesen Anregungen wird manche Leserin und mancher Leser im Geiste seufzen: „Was muss man alles tun, um seine Partnerschaft lebendig zu halten!“ Daher möchte ich am Ende dieses Abschnitts noch einmal auf das Bild von einem Mobile zurückkommen. Eine Veränderung an einer einzigen Stelle genügt, um das ganze Mobile in Bewegung zu bringen. Alle Teile müssen ihr Gleichgewicht neu finden, und wenn sie sich wieder eingependelt haben, ist nichts, wie es vorher war. So genügt auch in der Partnerschaft eine kleine, aber entschiedene Veränderung, um neue Überraschungsmomente zu schaffen, Neugier aufeinander zu wecken und auch der Leidenschaft neue Chancen zu geben.

Partnerschaft als Brücke

Auch ein zweites mögliches Seufzen möchte ich aufgreifen: „Die Ratschläge sind ja prima, Herr Berger. Aber was nützt mir das, wenn mein Partner nicht mitmacht? Ich würde ja gerne mehr reden und etwas Neues ausprobieren. Aber er/sie will nicht. Wenn ich eine Brücke baue, zieht er eine Mauer hoch. Deshalb lese auch *ich* dieses Buch, eigentlich sollte er/sie es lesen. Kann ich denn überhaupt etwas tun, wenn mein Partner alles beim Alten lassen will?“ Die überraschende Antwort ist: „Ja.“

Der Einwand bringt ein Dilemma vieler Partnerschaften auf den Punkt: Der distanziertere Partner bestimmt über das Maß an Intimität in der Beziehung. An ihm hängt es, wann und wie viel Nähe entsteht. Der Nähe suchende Partner kommt sich manchmal wie ein Bittsteller vor und schwankt zwischen enttäuschtem Zorn und verletztem

Rückzug. Einen Weg aus diesem Dilemma weist der amerikanische Paar- und Sexualtherapeut David Schnarch. Er unterscheidet zwischen partnerbestimmter und selbstbestimmter Intimität[50]. Partnerbestimmte Intimität ist nur möglich, wenn der andere mitmacht. Sie entspringt der Haltung: „Wenn ich mich dir öffne, sollst du mich akzeptieren und dich auch öffnen. Wenn du das nicht tust, dann kann ich mich auch nicht mehr öffnen." Für diese Haltung kenne ich weder aus der Alltagssprache noch aus der Fachsprache einen treffenden Ausdruck. In der Bibel findet sich dafür ein Begriff, den die christliche Seelsorge aufgegriffen hat: Menschenfurcht[51]. Er beschreibt eine Haltung, die das eigene Handeln von der Billigung und Zustimmung anderer Menschen abhängig macht. In der Partnerschaft führt Menschenfurcht dazu, dass derjenige Partner mehr Macht hat, der kritischer ist und seine Zustimmung häufiger entzieht.

Selbstbestimmte Intimität lebt ein Partner, wenn er sich öffnet, ohne vom anderen eine emotionale Gegenleistung zu erwarten. Ganz gleich, ob der andere zustimmend oder ablehnend, erfreut oder verstimmt reagiert, ob er sich öffnet oder zurückzieht, die Äußerung trägt ihren Wert in sich. Der selbstbestimmte Partner ruht in seiner Einschätzung: „Ich möchte diesem Gedanken oder dieser Seite von mir in der Beziehung Raum geben. Ich möchte dich damit berühren und in dieser Sache berührbar sein. Wie du darauf reagierst, liegt bei dir." Diese Haltung ist unserer gewohnten Auffassung von Partnerschaft so fremd, dass sie gleichgültig, egozentrisch, ja rücksichtslos wirken kann. Doch wer in seinem Verhalten und seiner Selbsteinschätzung weniger von der Reaktion des anderen abhängt, gewinnt gerade die Freiheit, sich in den anderen einzufühlen und auf seine Bedürfnisse zu antworten. Selbstbestimmte Intimität befreit den anderen auch von emotionalen Zwängen: „Du musst mich verstehen! Du musst akzeptieren, was ich empfinde und denke! Du darfst dich nicht von mir abwenden!"

David Schnarch beschreibt in seinem Buch „Die Psychologie sexueller Leidenschaft", wie eine Frau zu selbstbestimmter Intimität durchbricht:

„Beim Frühstück am nächsten Morgen teilte Joan Bill mit, was sie dachte, ohne sich von der Angst leiten zu lassen, wie er reagieren würde. ‚Ich will nicht länger hinnehmen, dass wir so selten miteinander reden', sagte sie, ‚und ich will dich nicht länger dazu drängen, dass wir reden. Wenn ich aber nicht mehr nörgle und dir zusetze, heißt das nicht, dass ich die Dinge so akzeptiere, wie sie sind. Was mich angeht, so will ich keine lächerliche Figur abgeben und vor Dankbarkeit zerfließen, nur weil mein Partner tatsächlich einmal mit mir redet. (...) Und was dich angeht, so will ich nicht, dass du dich die ganze Zeit von einem keifenden Weib unter Druck gesetzt fühlst. Ich werde ab jetzt das, was du tust, als deine Entscheidung dafür deuten, wie du wirklich leben willst. Dementsprechend werde ich die Entscheidung über mein Leben fällen.'

Bill war wie vor den Kopf geschlagen. Er versuchte krampfhaft, das Gespräch auf vertrautes Terrain zu lenken. ‚Du schreibst mir vor, was ich tun soll! Du versuchst mich zu erpressen! Du drohst mir!'

‚Nein', sagte Joan leise. Beiden fiel auf, wie ungewöhnlich ruhig sie war. ‚Ich sage dir, was ich tun werde. Ich habe

keine Ahnung, was du tun wirst. Deshalb bin ich auch starr vor Angst.‘“[52]

In dieser dramatischen Begegnung scheint eine Trennung in der Luft zu liegen. Joan und Bill finden aber zu einer stabilen Beziehung, die sie emotional und sexuell erfüllt. Die Furcht vor einer Trennung hält manche Paare in einem Zustand gegenseitiger Abhängigkeit. Der Nähe suchende Partner ist abhängig: „Du musst mir Nähe geben“, der distanzierte auch: „Du musst mir Freiheit geben.“ Wer sich auf das Wagnis innerer Unabhängigkeit einlässt, kann dem Anpassungsdruck eines fordernden Partners standhalten oder mit einem zurückgezogenen Partner Intimität leben. Denn wer soll den freiheitsliebenden Partner hindern, nur das zu geben, was er möchte? Und wer soll den Nähe liebenden Partner hindern, in seinen Äußerungen und Gesten tief aus seinem Innern zu schöpfen? Innere Unabhängigkeit bewahrt auch vor Überreaktionen. Der freiheitsliebende Partner muss sich nicht mehr abschotten, weil er gelernt hat, ein Nein zu äußern und emotional durchzuhalten. Der Nähe suchende Partner muss den anderen nicht mehr bedrängen, weil er für seine Selbstöffnung nicht mehr die Erlaubnis des anderen braucht. Auf diese Weise wird der Teufelskreis mancher Partnerschaft durchbrochen: „Ich ziehe mich zurück, weil du mich bedrängst.“ – „Ich bedränge dich, weil du dich zurückziehst.“

Die Brücke zum anderen braucht einen festen Halt auf dem eigenen Ufer. Dann wird sie der andere auch lieber betreten. Er fühlt sich sicher, wenn das andere Ende nicht in der Luft hängt. Auf diesem Weg haben auch Joan und Bill wieder zusammengefunden.

„Bill konnte kaum fassen, was sich in ihrem Schlafzimmer abspielte. Er erlebte den besten Sex seines Lebens, und zwar mit seiner Ehefrau (...) Zu seinem Erstaunen kam ihm Gott in den Sinn. Während er auf Jahre voller Enttäuschung und Ärger zurückblickte, seufzte er innerlich auf: Gott sei Dank!, und merkte dann, dass er das genau so meinte. Er war nicht mehr wütend, sondern einfach nur dankbar. ‚Ich bin so froh, dass wir das jetzt zusammen erleben können', sagte er zu Joan. – ‚Es bedeutet mir wirklich sehr viel. Der Gedanke, dass wir das um ein Haar haben sausen lassen, macht mir Angst!'“[53]

Partnerschaft als Werkstatt

Menschen, die wegen einer Ehekrise in die Therapie kommen, sagen oft: „Ich liebe meinen Partner nicht mehr.“ Aber das ist unmöglich, ebenso wenig wie ein Kind aufhören kann, seine Eltern zu lieben, und seien diese noch so vernachlässigend. Man kann nicht nicht lieben, lässt sich in einer Abwandlung des Satzes von Paul Watzlawick festhalten, jedenfalls nicht, wenn man sich einmal auf eine leib-seelische Bindung an einen Menschen eingelassen hat. Allerdings können Gefühle von Zorn und Enttäuschung so stark werden, dass die Liebe vorübergehend nicht mehr spürbar ist. Die Angst vor Verletzungen und Enttäuschungen kann einen Partner so stark in den inneren Rückzug treiben, dass er die Gefühlsbrücke zum anderen abbricht. Auch in Partnerschaften, die nicht in einer Krise sind, wirken die Kräfte von Enttäuschungen und Verletzungen. „Täglich produzieren wir in winzigen Mengen diese Aggressivität. Sie lagert sich – wie ein Sediment – am Boden der Beziehung ab. Paare verbittern nach Jahren und Jahrzehnten, versteinern, haben sich nichts mehr zu sagen.“[54]

Partnerschaft lässt sich als eine Werkstatt betrachten, in der Wartungsarbeiten und Reparaturen anfallen. Dieser Abschnitt lädt dazu ein, einen Schaden schon bei einer Inspektion zu beheben und nicht erst nach einer Panne auf der Autobahn. Als wichtigstes Werkzeug für Reparaturen an der Partnerschaft erscheint mir die Vergebung. Viele Menschen schieben den Gedanken an Vergebung von sich, weil er ihnen zu billig, zu unrealistisch vorkommt. Sie haben dabei eine Art von Vergebung vor Augen, die so abläuft: „Das war nicht gut von mir, vergib mir. Aber damit soll es jetzt auch gut sein. Ich will gar nicht genau wissen, was mein Verhalten bewirkt hat. Es tut mir leid, und das reicht. Erwarte bitte auch in Zukunft nicht zu viel von mir. Ich bin auch nur ein Mensch, so etwas kommt vor.“ In dieser Haltung sucht der Betroffene keine Vergebung, sondern eine schnelle Harmonie und eine Entlastung von der Verantwortung für sein Verhalten. Wenn der Partner eine billige Vergebung gewährt, drückt er aus: „Ja, lass uns wieder gut sein. Ich habe ohnehin Angst, zu meinen Gefühlen zu stehen und den Konflikt auszutragen, um den es geht. Wenn du mir so weit entgegenkommst, dann kann ich auch meine schlechten Gefühle beiseiteschieben.“ In diesem erfundenen, aber typischen Gedankendialog zeichnet sich ab, wie sich das Paar immer weiter voneinander entfremdet. Die Probleme werden unter den Teppich geschoben, und die Partner stolpern immer öfter darüber.

Für eine wirksame Vergebung muss das Fehlverhalten samt seinen Auswirkungen auf dem Tisch liegen. Zum jähzornigen Ausbruch gehören nicht nur die groben Worte und die Lautstärke. Er schüchtert auch ein und übt einen Druck auf den Partner aus, sich kleinzumachen, um den Zorn nicht erneut zu reizen. Vielleicht hat der Jähzorn die Kinder verstört, vielleicht hat er ausgenutzt, was der Partner einmal anvertraut hat, um härter zuschlagen zu können. Zum schmollenden Rückzug gehören nicht nur das Schweigen und der Kontaktabbruch. Er bestraft den Partner und fordert auf subtile Weise dessen Wohlverhalten ein. Er belädt den anderen mit einem Übermaß an Verantwortung: zu erraten, was eigentlich los ist; zu überlegen, wie das Thema künftig mit Samthandschuhen angefasst werden kann; durch versöhnliches Verhalten eine Brücke zu bauen.

Erst wenn alle Aspekte des belastenden Verhaltens ausgesprochen sind, kann Vergebung wirksam werden. Sie erfordert von beiden Partnern Ich-Stärke. Wer Kritik hört, muss sich innerlich Halt geben, um nicht zu Boden zu gehen, sei es durch Selbstwertschwankungen oder Angst vor der moralischen Überlegenheit des anderen. Wer Kritik übt, muss Schuldgefühle und die Angst vor der eigenen Stärke aushalten. Denn wäre es nicht liebevoller, schnell zu verzeihen? Und führt es nicht zur Zerrüttung, wenn man dem Partner die ganze Wahrheit der eigenen Gefühle zumutet? Doch macht oft erst eine ehrliche Konfrontation den Weg zur Vergebung frei. Wer mit dem Rücken zur Wand steht, wer sich schon vor der nächsten Verletzung duckt, dem fehlen oft auch die inneren Kräfte zum Vergeben.

Die Vergebung stellt den Kilometerstand auf null, sie löscht die Punkte in Flensburg. Wer vergibt, lässt sein Recht auf Wiedergutmachung los. Er lässt sein Recht los, in Verteidigungsbereitschaft und auf Abstand zu gehen.

Er legt die Waffe aus der Hand, zu der die Schuld des anderen im nächsten Streit werden könnte. Er knüpft keine Bedingungen an die Vergebung. Er spricht die Vergebung nicht als Bewährungsstrafe aus, sondern als Freispruch. Er schenkt dem anderen seine Freiheit zurück und stellt so die Beziehung wieder her.

Vergebung fordert beiden eine emotionale Nacharbeit ab. Denn der Entschluss zu vergeben muss manchmal gegen die eigene Gefühlswelt durchgesetzt werden. Denn wenn der vergebende Partner selbst einmal kritisiert oder erneut verletzt wird, wird er sich an das vergebene Fehlverhalten erinnern. Auch das Annehmen von Vergebung kann mit einem inneren Kampf einhergehen. Schuldgefühle können den Schuldigen zu Wiedergutmachungen drängen. Das wirkt edelmütig, offenbart aber den Wunsch, die Schuld aus eigener Kraft und unabhängig vom anderen zu begleichen. Die moralische Ausgleichsleistung verbietet dem Partner dann die Kritik. Schamgefühle können im Nachhinein dazu drängen, die Vergebung kleinzureden: „Warum habe ich mich eigentlich wegen so einer Kleinigkeit auf die Anklagebank setzen lassen? Der andere ist doch auch nicht der Papst ..." Der Stolz versucht, das von der Kritik angeschlagene Wunschbild der eigenen Person wiederherzustellen. Wer die empfangene Vergebung nicht vor solchen Selbsttäuschungen schützt, verliert sie. So ist die Vergebung einerseits eine Handlung, zu der man sich zu einem bestimmten Zeitpunkt entschließt, andererseits eine Haltung, die man immer wieder einnimmt, manchmal gegen widerstreitende Gefühle. Doch die Mühe lohnt sich. Vergebung bewahrt die Partnerschaft vor einem Bodensatz von Verletzungen und Enttäuschungen, der die Quelle guter Gefühle füreinander verstopft.

Einen Werkstattcharakter nimmt die Partnerschaft auch an, wenn einer der beiden ein schwerwiegendes Lebensproblem zu lösen hat: Ein Partner erkrankt, macht eine Sinnkrise durch oder verstrickt sich in eine Sucht. Eine wichtige Freundschaft zerbricht, in der Beziehung zu den Eltern spitzt sich ein Konflikt zu, ein beruflicher Misserfolg stellt sich ein. Hier gilt es, einen guten Mittelweg zu finden. Wenn der belastete Partner das Problem ganz allein lösen will, wird er bald abwesend und distanziert wirken. Denn er bringt wesentliche Gedanken und Gefühle nicht mehr in die Partnerschaft ein. Bringt ein Partner sein Problem dagegen allzu Hilfe suchend ein, wird sich der andere bald wie ein Therapeut oder Sozialarbeiter verhalten. Das führt nicht nur zu einem Gefälle in der Partnerschaft, sondern lähmt auch die Erotik.

Damit die Partnerschaft zu einer Werkstatt werden kann, in der beide Pannen beheben und ihren Wagen wieder flottmachen können, schließt das Kapitel mit einigen Tipps für den Umgang mit Problemen.

- Das Problem muss im Gespräch nicht gelöst werden. Es reicht, wenn der belastete Partner seine Gefühle ausdrückt, neue Kraft schöpft und wieder Hoffnung gewinnt. Dann wird er mit der Zeit auch eine Lösung finden.
- Zuhören ist die wertvollste Hilfe. Interessierte Fragen und kurze Rückmeldungen zeigen Verständnis: „Hat sich

dein Vater schon öfter so verhalten?", – „Dein Vater stellt dich ja vor die Wahl: entweder machen, was er will, oder der böse, undankbare Sohn sein."

- Wenn ein Partner berufliche Problemlösefähigkeiten mitbringt, weil er in einem sozialen Beruf arbeitet oder eine Führungsaufgabe hat, sollte er sich in der Partnerschaft trotzdem zurückhalten. Stattdessen kann es hilfreich sein, in der Vorstellung in die Haut des anderen zu schlüpfen: „In dieser Situation würde ich mich so fühlen, die Dinge so wahrnehmen, dies tun."
- Wer einem belasteten Partner zuhört, leistet selbst eine anstrengende Gefühlsarbeit. Denn das Problem des anderen löst auch beim Zuhörer Ohnmachtsgefühle, Angst, Scham oder Zorn aus. Wer dieses Gefühl annimmt, gibt auch dem Partner ein Gefühl der Annahme. Er wird den Partner dann weder zu übereilten Entscheidungen drängen (aus einem Ohnmachtsgefühl), noch zum Aufgeben seiner Ziele verleiten (aus Angst) oder dazu, einem Dritten einmal richtig die Meinung zu sagen (aus Zorn oder aus einem Schamgefühl heraus).
- Manchmal fehlt dem belasteten Partner der Mut, die notwendige Entscheidung zu treffen oder Schritte zur Lösung seines Problems zu gehen. Dann gerät das Gespräch über das Problem zu einer quälenden Litanei, bei der sich Klagen, Gedanken und Situationsbeschreibungen wiederholen, immer gleich, endlos, ausweglos. Das muss kein Partner ertragen. Er sollte darum bitten, dass das Thema so lange vertagt wird, bis der Partner einen Schritt weitergekommen ist. Ein Therapeut oder Seelsorger kann in einem solchen Fall übernehmen, was in der Partnerschaft nicht geleistet werden

kann und soll. Er wird den Betreffenden auch mit den Verhaltensweisen konfrontieren, die einer Problemlösung im Weg stehen.

Wenn ein Paar zurückblickt und Bilanz zieht, dann haben gemeinsam überstandene Krisen einen hohen Stellenwert. In einer Krise die Rückenstärkung und das Verständnis eines Partners zu spüren, gehört zu den bedeutsamsten Erfahrungen. Sie setzen Vertrauen frei, Vertrauen in den Partner und ein Vertrauen, das Leben gemeinsam meistern zu können. Nähe und Vertrautheit vertiefen sich, bis sie die tiefsten Schichten der Persönlichkeit einbeziehen. Die Sicherheit in der Partnerschaft macht mutig. Sie schenkt den Mut, das eigene Wesen lebendig werden zu lassen und auf Lebensziele zuzugehen. Der Wind dieser Lebenskräfte wird auch die Leidenschaft füreinander immer neu entfachen.

7. Guter Sex – das Wagnis der Intimität

Leise summt der Deckenventilator. James Bond wälzt sich mit der Agentin unter dem Laken. Plötzlich unterbricht er die Zärtlichkeiten, richtet sich auf und blickt die verwunderte Asiatin an. Er wirkt verlegen und um Lockerheit bemüht: „Darling, ich bekomme heute meine Waffe nicht scharf. Tut mir leid. Muss am beruflichen Stress liegen. Ich bin nicht mehr der Jüngste."

Unvorstellbar – ein Bond mit einem Erektionsproblem. Ein richtiger Mann kann immer. Und kommt immer, als Gentleman kurz nach seiner Frau oder als perfekter Liebhaber zusammen mit ihr. Und auch bei der Frau klappts: Sie hat gelernt, zu ihrer Lust zu stehen und berauscht sich bis zum Höhepunkt an ihrem Mann. – Die Wirklichkeit liegt jenseits dieser Klischees.

Guter Sex ist nicht selbstverständlich. Er beruht auf der Kunst, gleichzeitig mit sich selbst und mit dem Partner in Kontakt zu sein. Er entwickelt sich innerhalb der Gegensätze von Geborgenheit und Aufregung, Planung und Spontaneität, Entspannung und Herausforderung, Selbstaufgabe und Selbstausdruck. Guter Sex lebt von der Kunst, von einer sicheren Basis aus Neues zu wagen. Er lebt von einem verlässlichen Rahmen, der Spontaneität und zärtliche Angriffslust freisetzt. Nicht zuletzt gehört zu gutem Sex auch die Kunst, mit den unvermeidlichen Pannen umzugehen. Alle diese Fähigkeiten sind erlernbar. Ein Paar kann sich auf einen Weg einlassen, der seine sexuelle Erlebnisfähigkeit in ungeahnte Dimensionen führt.

Körperliche Intimität entsteht, wenn sich zwei Menschen entkleiden. Sie berühren einander an den empfindsamsten Körperzonen. Sie kommen sich so nahe, wie es irgend geht. Seelische Intimität entsteht auf ganz ähnliche Weise: Zwei Menschen enthüllen ihre Gedanken und Gefühle. Sie lassen sie berühren, wo sie am empfindsamsten sind. Sie kommen sich so nahe, dass sie für einige Momente eins werden. Sexuelle Spielarten, die seelische Intimität vermeiden, führen in die Sackgasse der Langeweile: das Rollenspiel einer guten Liebhaberin, eines guten Liebhabers; korrekter Sex, der den Partner pflichtgemäß zum Höhepunkt führt; Entspannungssex, bei dem sich die innere Spannung von Zeit zu Zeit entladen darf. Dauerhaft guter und krisensicherer Sex dagegen gründet sich auf das Wagnis der Intimität.

Das Paar wächst dabei in der Fähigkeit, dem anderen in seiner Unterschiedlichkeit standzuhalten und sich ihm immer ungeschminkter zuzumuten. *Harmonie* entsteht, wenn Menschen ihre Unterschiedlichkeit beiseitelassen und sich bei den Gemeinsamkeiten treffen. *Intimität* entsteht, wenn Menschen ihre Unterschiede in der Begegnung zulassen. Intimität erzeugt Spannung, erotische Spannung, aber auch Angst und Zorn. Sie stellt den Einzelnen vor Entscheidungen: Zielt meine Liebe auf mich und meine Bedürfnisse oder auf die Gemeinschaft mit einem anderen? Zwinge ich dem Partner meine Vorstellungen von einer guten Beziehung auf, oder öffne ich mich für die Welt des anderen?

Das Kapitel gliedert sich in die gleichen vier Abschnitte, die Sie bereits aus dem vorangegangenen Kapitel kennen:

Sex als Gespräch, als Spielwiese, als Brücke, als Werkstatt. Alle vier Bereiche des sexuellen Lebens fordern zum Wagnis der Intimität heraus.

Sex als Gespräch

Ein Paar braucht eine sexuelle Sprache, wenn es sich sexuell aufeinander einstellen will.

Der Austausch über die sexuelle Erfahrung scheut oft vor der Hürde der Peinlichkeit. „War es schön für dich?" – „Ja, sehr schön." Das Paar unterdrückt seine Neugier: „Ja, wie war es denn für dich?" Guter Sex hat ganz unterschiedliche Bedeutungen. Der eine taucht in ein Meer ein und spürt eine Einheit mit dem Partner und der ganzen Welt. Ein anderer verschmilzt mit dem Partner, berührt sein Wesen, nimmt seine Energie auf, lässt sich im Partner zurück. Wieder ein anderer erlebt eine lustvolle Schlacht, bei der er im Taumel ungeheurer Kräfte siegt oder besiegt wird. Wieder ein anderer triumphiert über die Moral, erlaubt sich etwas so Schweinisches wie den Sex, besudelt sich und seine Frau, und niemand kann ihm am Zeug flicken, weil er verheiratet ist. Die unterschiedlichen Bedeutungen von Sexualität ließen sich seitenlang aufzählen. „War es schön für dich?" – „Ja, sehr schön." Wenn der eine wüsste, was der andere erlebt hat …

Um das sexuelle Erlebnis zu einem geteilten Erlebnis zu machen, braucht es also eine Sprache. Schon der Weg zu einer gemeinsamen Sprache kann aufregend sein. Niemand anders als das Paar muss sie verstehen, es gibt keine Regeln, kein Tabu für sie, solange sie der gemeinsamen

Freude dient. Die Sprache offenbart das sexuelle Ich der Partner, das oft lange verborgen bleibt.

Ein Paar hat schon viel sexuelle Kreativität entwickelt, wenn es alle Körperteile in einer Weise benennen kann, die auch für das Liebesspiel taugt. Wie sagt es zu den Brustwarzen? Bei Warzen denke ich an Hexen und ihre hässlichen Nasen. Es braucht Worte, die sich für beide gut anfühlen. Sie müssen ein paar Mal über die Lippen kommen, bevor ein Paar ihre Wirkung abschätzen kann.

Viele Paare erleben es als erregend, wenn zum Liebesspiel auch Worte gehören. Kraftvoll und ekstasefähig ist die Bildsprache, die auf Naturgewalten zurückgreifen kann – auf Orkane und Vulkane, Gewitter und Beben, Wasserfälle und Strudel. Aber auch die technische Bildwelt – Raketen und Feuerwerk – und die soziale Bildwelt mit Tanzflächen, Bühnen und Schlachtfeldern können sexuelles Erleben veranschaulichen.

Auch die grobe Jugendsprache leistet dem Paar einen Dienst, wenn es die Freiheit dazu hat. Sie stößt die Tür zu den dunklen Seiten der Sexualität auf, die im Schutzraum der Partnerschaft ihre Kraft freisetzen, ohne Schaden anzurichten. Die sexuelle Aggression des Mannes, seine Schaulust und seine Gier finden in der Partnerschaft ein Zuhause. Er darf seinen seelischen Hunger an den Reizen der Frau stillen. Die Frau darf ihren Mann seiner Sinne und seiner Selbstbestimmung berauben. Sie darf ihn in einen Tauschhandel verwickeln, bei dem er ihr im Rausch sein Herz öffnet und hergibt, was er im Alltag für sich behält. Auch die Frau kann in der rücksichtslosen Jugendsprache Worte finden, die ihre sexuelle Kraft, ihre Macht zu verführen und ihre Auslieferung an die männliche Sexualität ausdrücken.

So kann sich aus der Sprachlosigkeit ein sexuelles Gespräch entwickeln, aus einer einsamen eine geteilte sexuelle Erfahrung werden. Das sexuelle Ich verlässt sein Versteck und zeigt sich. Aus der Harmonie entsteht Intimität. Die Schleusen der Selbstkontrolle und Selbstbeschränkung beginnen sich zu öffnen. Ob Rinnsal, Bach oder Fluss: Sexualität kann zu einem Strom werden. Der muss allerdings in die richtige Bahn gelenkt werden, und dazu braucht es ein ausreichendes Maß an Ich-Stärke. Deshalb wird sich nur der auf Intimität einlassen, dessen Ich-Stärke mit der sexuellen Entwicklung Schritt halten kann. Ich-Stärke sagt Nein, wenn der Partner sich in einer Weise ausdrückt, die sich nicht gut anfühlt. Sie handelt Kompromisse aus, bis das sexuelle Gespräch alles Wesentliche berühren darf und dennoch das Schamgefühl nicht verletzt. Sie bringt auch negative Erfahrungen beim Sex ins Gespräch: Gefühle von Überrumpelung und Ekel, ein Erleben von Fremdheit und Distanz, Gefühle von Scham oder Angst. Nur wer sich schützen kann, macht sich verwundbar, nur wer Nein sagen kann, ist auch zu einem vollen Ja fähig.

Sex als Spielwiese

Ein Paar, das seine Sexualität als Spielwiese entdeckt, steht vor schier unbegrenzten Möglichkeiten. Schon einen Schritt vom Gewohnten entfernt warten neue lustvolle Erfahrungen, ein neues Knistern in der Partnerschaft. Plötzlich kommen unbekannte Wesenszüge des Partners zum Vorschein, die sich im geordneten Alltag der Partnerschaft verborgen haben.

Zwar geben Überraschungsmomente einem Spiel seinen Reiz, dennoch beruht jedes Spiel auf Regeln. Daher stelle ich den Anregungen dieses Abschnitts einige Regeln für sexuelles Experimentieren voran. So wie Reisen ihren Gegenpol in einem geordneten Alltag haben, brauchen auch Veränderungen den Gegenpol von gewohnten und vertrauten Abläufen. Wenn ein Paar Neues ausprobiert und sich damit zu schnell und zu weit von dem vertrauten Zusammenspiel entfernt, werden bei einem der Partner unangenehme Gefühle auftreten. Angst, Ekel, Scham und Schuldgefühle können ein Zeichen dafür sein, dass die innere Bereitschaft für ein Experiment noch nicht gewachsen war. So lässt sich als erste Grundregel festhalten: „Alles ist möglich, wenn sich beide dabei wohlfühlen.“[55]

Eine zweite Grundregel lässt sich so formulieren: „Je mehr die Frau führt, desto besser.“[56] Im vorherrschenden Rollenbild ergreift der Mann die Initiative und führt, während sich die Frau führen lässt. Beim Sex ist diese Aufgabenteilung ungünstig, weil es der Mann leichter hat als die Frau. Ihm genügen in der Regel wenige sexuelle Reize, um sich binnen Minuten auf Sex einzustimmen. Sie benötigt oft eine emotionale Einstimmung, und das Drumherum der sexuellen Begegnung muss stimmen. Einen Mann würde allein die Stimulation seiner Eichel zum Höhepunkt führen, die Frau erreicht ihn oft erst durch das Zusammenspiel von Berührungen der inneren Schamlippen, der Vagina, der Klitoris, der Brüste und anderer empfänglicher Körperzonen. Nur etwa ein Drittel der Frauen findet allein durch die Bewegungen beim

Geschlechtsverkehr zum Höhepunkt.[57] Die übrigen sind auf eine zusätzliche Stimulation ihrer Klitoris angewiesen. Einige Frauen entwickeln ein Geschick, ihre Klitoris beim Geschlechtsverkehr am Schambein des Mannes zu reiben. Das gelingt am ehesten, wenn sie auf dem Mann liegen. Andere Frauen führen einen Finger des Partners an die entsprechende Stelle oder stimulieren sich selbst. Zu alledem verändert sich die sexuelle Ansprechbarkeit einer Frau: Was heute lustvoll war, kann morgen langweilig oder sogar unangenehm sein.[58]

So kann eine Frau entweder auf den hellseherisch begabten Liebhaber warten oder sie muss selbst die Führung übernehmen. Eine Frau mag sich selbstbezogen vorkommen, wenn sie über die Bedingungen der sexuellen Begegnung bestimmt und ihrem Partner so viele Vorgaben macht. Doch solche Skrupel sind unberechtigt, denn kaum etwas erregt Männer mehr als die Erregung ihrer Frau.

Eine letzte, eigentlich selbstverständliche Regel lautet: „Sex braucht Zeit." Eine lebendige, spannungsvolle Beziehung mag sich auch zwischen Arbeitsende und Schlaf in einem „Quickie" entladen. Aber ab und an braucht es Zeit für das sexuelle Wachstum. In Phasen sexuellen Wachstums sollte von Sex zu Sex nicht mehr als eine Woche vergehen, am besten nur drei oder vier Tage. Dann kann ein Paar innerlich an die letzte sexuelle Erfahrung anknüpfen. Intensives Küssen oder erotische Zärtlichkeiten können eine Brücke zwischen den sexuellen Begegnungen schlagen.

Schon kleine Veränderungen der sexuellen Gewohnheiten führen neue Erfahrungen herbei. Die Möglichkeiten dazu erschöpfen sich nicht: eine Massage, ein gemeinsames Bad oder gemeinsames Duschen, ein romantisches Essen, ein Liebesfilm; farbiges Licht, Kerzen, helleres oder dunkleres Licht als sonst; Düfte; Musik; besondere Wäsche, offene oder geschlossene Augen, zärtlicher oder wilder Kontakt, stilles Genießen oder lauter Lustausdruck, Wechsel der Position beim Geschlechtsverkehr, Wechsel der Orte: auf einem Teppich, in der Badewanne, im Gästezimmer.

Wer eine sexuelle Gewohnheit verändern will, begegnet seinem inneren Schweinehund. Der döst am liebsten vor dem Kamin emotionaler Behaglichkeit. Er zerrt an der Leine, wenn sein Besitzer vom vertrauten Spazierweg abweicht. Er knurrt, wenn er plötzlich etwas Unbekanntes im Napf findet, und fletscht die Zähne, wenn Fremde ins Haus wollen. Gewohnheiten beruhen auf einem Ausgleich der seelischen Kräfte. Jede Veränderung weckt Angst, stellt das Alte infrage und beansprucht daher seelische Kraft. Wie eine Reise, ein Umzug, eine neue Herausforderung, benötigt eine Veränderung Entschlossenheit. Vor den Erfolg haben die Götter den Schweiß gesetzt, glaubten die Griechen. Es ist nicht nur der Schweiß der Mühe, möchte ich ergänzen, sondern auch Angstschweiß.

Eine einfache Einteilung gibt einen Überblick über die Vielfalt dessen, was sich auf der Spielwiese der Sexualität tummelt. Sie stammt von dem Sexualwissenschaftler David Schnarch, der drei sexuelle Stile unterscheidet[59]: die sexuelle Trance, die Partnerbezogenheit und das Rollenspiel. Wer zur *sexuellen Trance* neigt, konzentriert sich auf die eigenen Körperempfindungen und lässt sich in einen anderen Bewusstseinszustand gleiten. In seinen besten Momenten macht er Erfahrungen, die einem Rausch, einem tiefen spirituellen Erlebnis, der Erfahrung von Naturgewalten ähneln. Dazu sucht er einen entspannenden Rahmen mit wenig Ablenkungen und bevorzugt eine ruhige, heitere Stimmung. Worte und Blickkontakt stören ihn eher, weil sie ihn von seinen Sinneswahrnehmungen ablenken. Er schätzt es, wenn sich Geben und Nehmen abwechseln, weil er sich dann eine Zeit lang ganz seinen Empfindungen hingeben kann.

Im *sexuellen Stil der Partnerbezogenheit* findet sich wieder, wer ein Gefühl tiefer Verbundenheit mit dem Partner sucht. Für Menschen mit diesem Stil ist das Vorspiel wichtig: die romantische Atmosphäre, zärtliche Worte, Blickkontakt und lange Küsse. Sie achten auf intensiven Körperkontakt und lieben es, wenn ihnen der Partner sein Gesicht zuwendet.

Der *sexuelle Stil des Rollenspiels* lebt von Kulissen, Requisiten und aufregenden Szenen. Das Schlafzimmer und andere Orte werden zur Bühne für erotische Inszenierungen. Requisiten – ausgefallene Kleidungsstücke, Speisen, Gegenstände – deuten an, um welches Stück es sich handelt: Romeo und Julia, Arzt und Krankenschwester, Chef und Sekretärin. Ein Strip, ein scheinbar heimliches Zusehen beim Entkleiden oder Duschen, Befehl und Gehorchen, das Spiel mit sexueller Sprache gehören zur sexuellen Dramatik. Wer zu diesem Stil neigt, erlebt einen Triumph über die Zwänge und Einschränkungen des Alltags, fühlt sich als Star in einem aufregenden Stück und verschmilzt mit seiner Rolle. Er drückt einen Teil seiner Persönlichkeit aus, ohne die Einschränkungen des Alltags, ungezügelt und intensiv.

Manche Menschen fühlen sich für ihren sexuellen Stil schuldig. Sie kommen sich selbstbezogen vor (sexuelle Trance), zu abhängig von ihrem Partner (Partnerbezogenheit) oder beinahe pervers (Rollenspiel). Wer sich mit seinem Stil auseinandersetzt, wird eine Wertschätzung für seine sexuellen Vorlieben und Verständnis für die seines Partners finden. Vielleicht folgt er dem Partner einmal auf den Pfaden von dessen Stil, sucht mit ihm gemeinsam den Rausch, hält intensiven Kontakt bis zum Orgasmus mit offenen Augen oder bettet den Sex in eine aufregende Szene ein. Wenn das Paar den bevorzugten Stil teilt, wird es vielleicht einen Ausflug in einen anderen Stil wagen. Daneben kann jeder seinen Stil weiterentwickeln und von seinen jeweiligen Beschränkungen befreien:

Frieder liebt die sexuelle Trance. Allerdings muss er seine Augen schließen und seine Frau ausblenden, um hineinzufinden. „Du bist beim Sex oft so weit weg", beklagt sich seine Frau. Wenn Frieder lernt, sich mehr loszulassen und sich seinen Sinnen zu überlassen, wird sich seine Trance vertiefen. Dann werden ihn auch Blicke und Worte nicht mehr herausreißen, im Gegenteil, sie werden das Sinneskonzert steigern wie das Heraustreten von einzelnen Stimmen in einem Orchesterstück.

Petra ist ein romantischer Typ. Das Küssen und die Zärtlichkeit sind ihr mindestens so wichtig wie das, was danach kommt. In ihrer Partnerbezogenheit hängt sie sehr vom Verhalten ihres Mannes ab. Wenn er in romantischer Stimmung ist, dann kann sie sich für intensive sexuelle Erlebnisse öffnen. Es irritiert sie aber sehr, wenn er abwesend oder verstimmt wirkt, dann verliert sie schnell die Lust. Hat er einmal weniger Lust oder scheint er den Sex nicht so zu genießen wie sonst, stellt sich Petra infrage. Ist sie nicht mehr attraktiv? Hat sie etwas falsch gemacht beim Sex? Findet er sie langweilig? Petra kann ihren sexuellen Stil vertiefen, wenn sie sich von ihrem Mann unabhängiger macht. Wenn sie mehr von ihrer eigenen Lust ausgeht, kann ihre Leidenschaft auch ihren müden Mann anstecken. Und wenn sie auch die Begegnung mit den distanzierten, missgestimmten Seiten ihres Mannes sucht, bereichert sie ihre Sexualität um eine interessante Seite.

Frauke hat die Freiheit, sich vor Ralf langsam auszuziehen, aber eine Strip-Szene zu spielen, das geht ihr doch zu weit. „Das bin nicht mehr ich", wendet sie ein. „Ich würde mir wie ein Callgirl vorkommen." Auch wenn das Rollenspiel in seiner Partnerschaft an die Grenzen kommt, kann Ralf seinen sexuellen Stil weiterentwickeln. Bisher zeigt Ralf beim Sex nur seine korrekte Seite. Er zügelt sich und fragt sich oft, ob er auf die Bedürfnisse seiner Frau richtig eingeht. In der Rolle des Spanners steckt ein sexuelles Potenzial, das er hinter seiner sexuellen Korrektheit versteckt: sich seiner Erregung zu überlassen, seine Frau als sexuelles Wesen wahrzunehmen und zu behandeln. Für all dies gibt es partnerschaftsfähige Ausdrucksmöglichkeiten, die sich Ralf noch nicht erschlossen hat. Vielleicht muss er sich ab und zu in die Rolle des Spanners versetzen, um zu seinem unterdrückten sexuellen Ich Zugang zu finden.

Zu weiteren Entdeckungen auf der Spielwiese der Sexualität können Sie Ihre sexuellen Fantasien führen. Damit schlage ich eine Brücke zum vierten Kapitel, in dem ich die unterschiedlichen Fantasien beschrieben habe. Die tiefen emotionalen Bedürfnisse, die den sexuellen Fantasien zugrunde liegen, lassen sich zwar in der Sexualität nicht stillen. Dennoch können sie im Liebesspiel ihren Platz finden und den Genuss an den Stellen vertiefen, wo die emotionale Empfänglichkeit am stärksten ist.

- *Paradiesgartenfantasien.* Bauen Sie Paradiesgartenelemente in Ihr Liebesspiel ein: Breiten Sie Rosenblüten über die Matratze aus, suchen Sie sich einen Ort für Sex im Freien, bemalen Sie sich gegenseitig mit Körperfarbe, tanzen Sie wild.

- *Fantasien von Rausch.* Experimentieren Sie mit Maßnahmen zur Erlebnissteigerung. Nehmen Sie sich viel Zeit für Ihr Liebesspiel. Wecken Sie alle Sinne – mit Musik, mit Düften, mit Baden oder Duschen, mit Massagen, mit schöner Nachtwäsche. Lieben Sie sich in Zeitlupe – unterbrechen Sie, wenn die Erregung zunimmt, vertrödeln Sie Zeit mit ein paar harmlosen Zärtlichkeiten und suchen Sie dann wieder die Intensität.

- *Fantasien sexueller Vollkommenheit.* Nehmen Sie die Schönheit Ihres Partners wahr und drücken Sie es in Komplimenten oder einem Liebesbrief aus. Vermeiden Sie dabei idealisierende Verallgemeinerungen wie: „Du hast eine Traumfigur. Du siehst wunderbar aus." Seien Sie konkret: „Ich liebe es, wie deine Haarsträhnen ins Gesicht fallen. Ich mag deine Beine und die Art, wie du dich bewegst." Üblicherweise werden Komplimente mit Komplimenten beantwortet. Falls nicht, fragen Sie Ihren Partner: „Was gefällt dir an mir? Was zieht dich an mir an?“ Nehmen Sie sich beim Liebesspiel Zeit, zu betrachten und sich betrachten zu lassen.

- *Fantasien von gleichgeschlechtlicher Liebe.* Lösen Sie sich von den Klischees, wie eine Frau oder ein Mann zu lieben haben. Experimentieren Sie: Lieben Sie verschmelzend und mit dem Abstand des Beobachters. Lieben Sie aktiv erobernd und passiv genießend. Lassen Sie Ihre Empfindsamkeit zu. Entdecken Sie Ihre wilden Seiten.

- *Fantasien von Macht.* Genießen Sie die Macht, die sich im Liebesspiel ausdrückt: den anderen exklusiv zu haben und sich exklusiv zu schenken, verführen und verführt zu werden, zur Intimsphäre des anderen durchzudringen und den anderen zur eigenen durchdringen zu lassen. Halten Sie dem Blick des anderen lange stand. Spüren Sie die körperliche Kraft des anderen. Würzen Sie Ihr Liebesspiel mit kleinen Gesten der Macht: sich spielerisch verweigern, verzögern, den anderen auf ein unbekanntes Terrain locken, die Führung übernehmen. Vergewissern Sie sich, dass Sie beim anderen keine negativen Gefühle erzeugen, etwa ein Gefühl von Bedrohung, Frustration oder Demütigung.

- *Fantasien des Zeigens und Schauens.* Kosten Sie die Intimität des Liebesspiels aus. Kommen Sie sich auf die Schliche, wenn Sie aus Angst Intimität vermeiden: durch coole Sprüche, Passivität, schnelles Zur-Sache-Kommen, das Vermeiden von Blickkontakt oder durch eine Zuflucht in gewohnte Abläufe. Geben Sie sich einen Ruck und überwinden Sie Ihr Vermeidungsverhalten. Zelebrieren Sie das Entkleiden, gemeinsames Baden oder Duschen, ein ideenreiches Vorspiel. Sprechen Sie über Ihre sexuellen Wünsche und Ihr sexuelles Miteinander.

Ein psychologischer Blick auf die Spielwiese soll diesen Abschnitt schließen. Was geschieht, wenn sich in sexuelle Gewohnheiten Neues mischt, wenn sich der sexuelle Stil entwickelt und wenn sexuelle Fantasien in partnerschaftsfähiger Form ausgelebt werden? Der ungelebte, unterdrückte Teil der Sexualität beginnt sich zu entfesseln. Das schützt die Partnerschaft nicht nur vor gedanklichem oder tatsächlichem Fremdgehen, es bewahrt sie auch vor Langeweile. Die dunklen Seiten der Sexualität kommen aus ihrem Versteck, ihre wilde Rücksichtslosigkeit wandelt sich in gezähmte Kraft.

Sex als Brücke

Der Biologe sieht den Sinn der Sexualität in der Fortpflanzung. Der Soziologe erkennt die Bindungskraft der Sexualität, die ein Paar als kleinste Einheit in der Gesellschaft zusammenhält. Der Theologe sieht in der Sexualität ein Abbild für die erfüllende Verbindung mit Gott. Mir als Psychologe erschließt sich der Sinn der Sexualität so: Die sexuelle Energie treibt den Menschen an, sein tiefstes Grundbedürfnis zu stillen, sein Bedürfnis nach Intimität. Ein grausames Experiment hat nachgewiesen, dass schon Affen sterben, wenn ihnen die Erfahrung von Körperkontakt und Zuwendung entzogen wird.[60]

Gleichzeitig gehört die Furcht vor Intimität zu den stärksten Ängsten des Menschen. Kinder von uneinfühlsamen Müttern (oder Vätern), die zu oft enttäuscht oder verletzt wurden, vermeiden Intimität. Auch wenn sie Angst empfinden, wenden sie sich von der Mutter ab, statt ihre Hilfe zu suchen. Die Bindungsforschung hat gezeigt, dass solche Reaktionsmuster ein ganzes Leben lang erhalten bleiben.[61]

Weil kein Mensch ohne emotionale Verletzungen durch sein Leben kommt, wohnt in jedem auch die Angst vor Intimität. Das Maß an Intimität, das ein Paar zulassen kann, entscheidet auch über die Intensität der sexuellen Erlebnisse. David Schnarch beschreibt den „Starkstrom-Sex"[62], bei dem sich die Partner rückhaltlos öffnen:

- *Die Außenwelt verblasst. Sie haben das Empfinden, an einen anderen Ort und in eine andere Zeit versetzt zu sein.*
- *Grenzen zwischen Ihnen und Ihrem Partner verschieben sich oder lösen sich auf. Sie spüren den Partner, ohne ihn zu berühren, so, als würden Ihre Körper ineinanderfließen. Die Haut fühlt sich offen an, als seien die Poren geweitet.*
- *Die Beziehung zwischen Ihnen wird von tiefem Mitgefühl und großer Freude durchströmt und erfüllt. Sie sind zu Tränen gerührt. Ihnen gehen Menschen aus Ihrer Vergangenheit und Gegenwart durch den Sinn, und Sie werden gewahr, was es bedeutet, Mensch zu sein.*[63]

Worte können Intimität herstellen oder vermeiden. Berührungen führen zu Intimität oder täuschen über einen

Mangel an Intimität hinweg. Sex kann auf tiefe Weise verbinden oder voneinander entfremden. Menschen vermeiden Intimität auf unterschiedliche Weise:

Sabine erzählt interessant und lebhaft. Wer aber genau hinhört, merkt, wie sie mit ihren Worten alles tut, um Intimität zu verhindern. Sie lässt sich von den Worten ihres Gesprächspartners nicht berühren, blitzschnell antwortet sie. Wenn sie jemand auf ihre Gefühle anspricht oder selbst Einblick in seine Empfindungen gibt, wechselt Sabine das Thema.

Frank ist ein geschickter Liebhaber und führt seine Frau fast immer zum Höhepunkt. Auf Schmusen und Zärtlichkeiten könnte er aber verzichten, die sind ihm unbehaglich. Er liebt es, wenn er sich gleich seiner Erregung überlassen kann. Bei einer Begrüßung löst sich Frank fast immer als Erster aus der Umarmung. Wenn ihm ein Freund zu lange die Hand gibt, kommt ihm das fast schwul vor. In Franks Familie gab es keine Umarmungen, kein Auf-dem-Schoß-Sitzen. Er kann sich nur daran erinnern, wie ihm seine Mutter flüchtig durch die Haare gestrichen hat.

Kevin gestaltet die Sexualität wie eine Mischung aus einem Liebesfilm und einer Komödie. Er kann sehr charmant sein und bringt verspielte Ideen ein. Sobald aber Intimität entstehen könnte, wechselt er das Genre, er zieht die Dinge ins Komische. Blickt ihn seine Frau an, antwortet er ironisch: „Schau mir in die Augen, Kleines.“ Auf ein „Ich liebe dich“ reagiert er manchmal, indem er über die Schulter blickt, als stünde jemand hinter ihm. Wenn er eine Verwechslung ausgeschlossen hat, sagt er: „Ach, mich.“

Viele Paare brauchen nur einen Anstoß, um sich neue Erfahrungen von Intimität zu erschließen. Sie entdecken, wie sie sich in ihren Worten, Berührungen und sexuellen Gesten selbst zensieren. Sie spüren, wie sie sich dem Partner vorenthalten und ihn gelegentlich auf Distanz halten. Ein solches Aha-Erlebnis kann die Fesseln der Vergangenheit lösen, denn solche Mechanismen stammen aus der Kindheit. Meistens sind sie im Erwachsenenalter entbehrlich.

Andere Paare gelangen in ihrer Intimitätsentwicklung an einen toten Punkt:

- „Solange du so desinteressiert und distanziert bist, kann ich mich dir nicht öffnen." – „Solange du so emotional reagierst und mich kritisierst, bleibe ich distanziert."
- „Wenn du keine Lust auf Sex hast, dann will ich auch nicht." – „Wenn Du erwartest, dass ich sexuell in Stimmung komme, dann bin ich erst recht blockiert."
- „Wenn wir so wenig reden, fühle ich mich beim Sex nicht gemeint, nur benutzt." – „Ich mag nicht mit dir reden, um Sex zu bekommen. Ich will mit dir reden, wenn ich mit dir reden will."

So unterschiedlich die Sackgassen sind, in die Paare geraten, ist ihnen doch eine Haltung gemeinsam: „Der andere muss sich ändern, damit ich mehr Intimität wagen kann." Wie sich ein Weg aus der Sackgasse findet, mag das Fallbeispiel des Sexualtherapeuten Ulrich Clement zeigen.[64] In seine Behandlung kommen Frau A., eine 25-jährige Kassiererin, und Herr A., ein 35-jähriger Busfahrer. Frau A. empfindet schon bei zärtlichen Berührungen ein starkes Stechen in der Scheide. Wenn ihr Mann abwesend ist, treten keinerlei Probleme auf: Sie befriedigt sich seit dem Jugendalter selbst und kommt dabei zum Höhepunkt. Herr A. hat sich zunächst über die Einschränkungen beim Sex geärgert, bald aber Mitgefühl für seine Frau entwickelt. Als einzige Kritik an ihr äußert er, dass sie ihm gelegentlich in der Öffentlichkeit um den Hals falle. Er könne das nicht leiden, wie er es überhaupt nicht gerne habe, wenn Leute so gefühlsduselig seien.

Frau A. steckt in einer Blockade der sexuellen Intimität fest, Herr A. in einer Blockade der emotionalen Intimität. Zwar sind beide mit der Partnerschaft zufrieden, ihr unbewusstes Zusammenspiel könnte man aber so deuten: „Solange ich nicht sicher bin, dass du mich annimmst – auch sexuell, kann mich dir nicht emotional öffnen." (Herr A. hat seine Mutter im dritten Lebensjahr verloren und auch danach noch viele Beziehungsverluste erlebt.) – „Solange du dich mir emotional vorenthältst, kann ich mich nicht entspannen und sexuell öffnen." (Frau A. wuchs in einer angespannten Familienatmosphäre ohne Zärtlichkeiten auf. Ihre Eltern redeten manchmal tagelang nicht miteinander.)

Auf ihrem Therapieweg stellen sich beide ihrer Angst vor Intimität. Frau A. gewinnt an Sicherheit und Selbstbewusstsein, sodass sie selbst eine sexuelle Brücke zu ihrem Mann bauen kann. Herr A. war zunächst nur mitgekommen, um seiner Frau bei „ihren" sexuellen Problemen beizustehen. Aber auch er wird selbstsicherer und kann seine Gefühle bald besser zeigen. Auf diese Weise baut er eine emotionale Brücke zu seiner Frau – und entwickelt Erektionsstörungen, zum ersten Mal in seinem Leben! Mit zunehmender sexueller Stärke seiner Frau beginnt seine sexuelle Sicherheit zu wanken. Herr A. lässt sich durch die gelegentlichen Potenzprobleme aber nicht irritieren. Als das Paar ein halbes Jahr nach Abschluss der Behandlung noch einmal befragt wird, äußern beide, dass sie die Beziehung nun sexuell und emotional befriedigend erleben.

Sex als Werkstatt

Die Geschichte der A.'s hat Sie bereits in die Werkstatt geführt, zu der die Partnerschaft werden kann. Bei den wenigsten Paaren läuft der sexuelle Betrieb ein Leben lang störungsfrei. Manche Probleme tauchen scheinbar aus dem Nichts auf. Bei anderen lassen sich die Ursachen leicht finden: eine Depression raubt die sexuelle Lust, ihre Behandlung führt beim Mann zu Erektionsstörungen, eine häufige Nebenwirkung antidepressiver Medikamente. Auch körperliche Erkrankungen und ihre medikamentöse Behandlung beeinträchtigen die sexuelle Funktion.

Dabei können zu jedem Zeitpunkt des sexuellen Ablaufs Probleme auftreten. Die Lust auf Sex bleibt aus. Es stellt sich keine Erregung ein oder sie verliert sich wieder. Die Scheide wird nicht feucht, das Glied nicht hart. Die Scheide krampft sich schmerzhaft zusammen, sobald der Mann eindringt. Der Orgasmus stellt sich zu früh oder gar nicht ein. Wenn solche Störungen keine körperliche Ursache haben, verlieren sie sich meist nach einer Weile wieder. Es sei denn, das Paar verfängt sich in einem Teufelskreis von sexuellem Leistungsdruck.

Der Kondomhersteller Durex befragte über das Internet

mehr als 10.000 Deutsche über ihre Sexualität. Auch wenn diese Befragung wissenschaftlichen Maßstäben nicht genügt, möchte ich doch eines ihrer Ergebnisse erwähnen. Durex wollte von den Teilnehmern unter anderem wissen, wie wichtig ihnen der Orgasmus des Partners ist. 60 Prozent der Männer gaben an, dass ihnen der Orgasmus der Partnerin das Wichtigste am Sex ist. Dagegen gaben nur 40 Prozent der Frauen diese Antwort.[65] Aha! Die Männer sind also doch die selbstloseren Wesen! Diesen Schluss kann man ziehen, aber eine andere Interpretation liegt näher. Männer erleben es als Erfolg, ihre Frau zum Höhepunkt zu bringen. Der Orgasmus der Frau dient auch ihrer Selbstbestätigung. Wo er ausbleibt, entstehen Versagensgefühle und Leistungsdruck.

Männer identifizieren sich oft mit ihren Leistungen und sind verstört, wenn sie im Bett nicht mehr funktionieren. Sie reagieren auf harmlose sexuelle Ausfälle mit Versagensangst. Sie konzentrieren sich immer mehr auf den Ablauf und immer weniger auf den sexuellen Genuss. Durch diese Anspannung häufen sich die sexuellen Misserfolge, die Anspannung steigt weiter, ein Teufelskreis schließt sich.

Frauen setzen sich manchmal auf andere Weise unter Druck. Sie wollen ihre sexuelle Pflicht erfüllen und gestehen ihrem Mann ein Recht auf seine Befriedigung zu. Obwohl sie keine Lust erleben, zwingen sie sich zum Sex. Eigentlich bräuchten sie nur ein wenig mehr Zeit und einen etwas veränderten Ablauf beim Sex, aber aus Scham oder Pflichtgefühl fordern sie dies nicht ein. Stattdessen entwickeln sie einen Widerwillen und fürchten die nächste sexuelle Annäherung ihres Mannes.

Wenn ein Paar diese Teufelskreise durchschaut, hat es sie schon fast überwunden. Es entdeckt die Partnerschaft als Werkstatt, in der Pannen erlaubt sind und behoben werden können. Hinter den Pannen stehen oft bedeutsame Lebensthemen, die bei der Reparatur sichtbar werden. Vielleicht erlaubt sich der potenzbewusste Mann normalerweise keine Schwäche. Wenn er auf eine Phase mit Erektionsproblemen nicht mit Wutanfällen oder Rückzug reagiert, erfährt er das Glück, *mit* seiner Schwäche angenommen und begehrt zu werden. Für manche beginnt das Wagnis der Intimität, wo ihr ordnungsgemäßes sexuelles Funktionieren aufhört. Die scheinbar lustlose Frau müsste ihren Mann vielleicht für einen Sex gewinnen, den sie egoistisch oder schmutzig erlebt. Für sie beginnt das Wagnis der Intimität vielleicht dort, wo sie die Grenzen ihres Frauenbildes sprengt. Womöglich ist sie gar nicht jenes verzichtbereite, zarte Wesen, zu dem ihre Erziehung sie geformt hat.

An das Ende des Kapitels stelle ich noch einige Tipps für den Umgang mit sexuellen Problemen.

- Gestehen Sie sich ein Recht auf Ihr Problem zu. Eine störungsfreie Sexualität liegt weder in Ihrer Macht, noch war sie ein Teil des Eheversprechens.
- Nehmen Sie einen eventuellen Frust Ihres Partners nicht persönlich. Warum soll er nicht frustriert sein, wenn ein erhoffter Genuss eine Weile nicht möglich ist?
- Gewinnen Sie Ihren Partner für eine Schonzeit, in der es eine Erlaubnis für die sexuelle Störung gibt, etwa drei bis sechs Monate. Sichern Sie zu, dass Sie fachliche Hilfe in Anspruch nehmen, wenn sich das Problem bis

dahin nicht gebessert hat. Gestalten Sie sexuelle Begegnungen, die auch mit dem Problem möglich sind. Werden Sie sexuell kreativ.

- Gewinnen Sie sich selbst für eine Schonzeit. Hören Sie damit auf, sich Ihren sexuellen Puls zu fühlen und darauf zu achten, ob es besser oder schlimmer mit dem Problem wird. Genießen Sie die Intimität mit Ihrem Partner.
- Falls Sie unter Stress stehen: Bauen Sie Belastungen ab, schlafen Sie ausreichend, ernähren Sie sich ausgewogen und nehmen Sie sich Zeit für Sport.

Die übrigen Tipps gehen auf spezielle Probleme ein.

- *Lustlosigkeit*: Viele Menschen, die wenig sexuelle Lust empfinden, pendeln zwischen Vermeidung von Sexualität und einem Zwang zur Sexualität. Suchen Sie einen Mittelweg. Vereinbaren Sie regelmäßige erotische Begegnungen, aber begrenzen Sie diese: zum Beispiel eine intime Massage, aber nicht mehr an diesem Abend. Wenn es gut läuft, steigern Sie sich in kleinen Schritten.

- *Ausbleibende oder plötzlich nachlassende Erregung:* Konzentrieren Sie sich auf die weniger sexuellen Seiten der Sexualität: die Intimität mit Ihrem Partner, die Entspannung, Ihr Körpergefühl. Wenn Sexualität bei Ihnen Ängste weckt, sprechen Sie darüber. Wenn es ungelöste Konflikte in der Partnerschaft gibt, gehen Sie diese an.

- *Keine oder keine ausreichend lange Erektion:* Wenden Sie sich an einen Urologen, wenn Sie weder nächtliche noch spontane Erektionen tagsüber haben und auch bei der Selbstbefriedigung keine Erektion herbeiführen können. Der Facharzt wird eventuelle körperliche Ursachen für eine Funktionsstörung finden. Denken Sie an die Möglichkeit, dass Medikamente eine Erektionsstörung herbeiführen können. Suchen Sie erregende Erfahrungen im Rahmen des Möglichen, auch ein weicher Penis ist genussfähig.

- *Vorzeitiger Samenerguss:* Verzichten Sie auf Maßnahmen, die Ihre Erregung dämpfen sollen: verkürztes Vorspiel, an etwas anderes denken, den Versuch, innere Distanz einzunehmen. Wenn Sie sich der Erregung aussetzen, können Sie mit der Zeit mehr vertragen. Erklären Sie Ihrer Partnerin, welche Bewegungen oder Berührungen Ihren sexuellen Spannungsbogen verkürzen. Konzentrieren Sie sich auf Ihren Genuss und den, den Sie Ihrer Frau bereiten. Zwei Drittel der Frauen ist das Vor- und Nachspiel wichtiger als der Geschlechtsverkehr selbst.[66]

- *Scheidenkrämpfe:* Wenn Scheidenkrämpfe schon lange auftreten und das Einführen des Gliedes nicht oder nur sehr selten möglich ist, sollten Sie Hilfe bei einem Sexualtherapeuten suchen. In leichten Fällen helfen eine anfängliche Entlastung, der dann eine schrittweise Konfrontation mit den Krampf auslösenden Reizen folgt: Nach einer Phase von Sexualität ohne Geschlechtsverkehr und ohne kritische Berührungen bestimmen Sie als Frau den Zeitpunkt und das Maß kleiner Annäherungen an das sexuelle Ziel. Als Zwischenschritt könnte der Mann zum Beispiel einen Finger einführen.

- *Schmerzen oder Missempfindungen beim Geschlechtsverkehr:* Hier sollte eine frauenärztliche oder urologische Untersuchung am Anfang stehen. Sie zeigt, ob dem Problem körperliche Ursachen zugrunde liegen. Falls nicht, kann das Paar ein Vorgehen wie bei den Scheidenkrämpfen versuchen.

- *Ausbleibender Orgasmus:* Auch hier schließt sich manchmal ein Teufelskreis. Je dringender der sexuelle Höhepunkt ersehnt wird, je bewusster er herbeigeführt werden soll, desto häufiger bleibt er aus. Suchen und genießen Sie das, was aufregend für Sie ist, ohne sich vom Orgasmus abhängig zu machen. Wenn Ihr Partner Ihren Orgasmus als Bestätigung braucht, entlasten Sie ihn. Er kann Sie auch so sexuell beschenken.

- Wenn das sexuelle Problem zu starken Spannungen in Ihrer Partnerschaft geführt hat oder Sie demoralisiert hat, wenden Sie sich lieber gleich an einen Sexualtherapeuten. Psychologische oder ärztliche Psychotherapeuten können sich sexualtherapeutisch fortbilden lassen, genauso wie Fachärzte für Psychiatrie, Frauenheilkunde oder Urologie. Bei Fachleuten mit dieser Zusatzqualifikation sind Sie am besten aufgehoben. Daneben gibt es an manchen Universitätskliniken auch sexualtherapeutische Ambulanzen.

Nachwort

Tomas quält Teresa mit seinen Seitensprüngen. Sie erträgt es, weil sie ihn nicht in den Rahmen ihres Wunschbildes pressen will. Schließlich zieht Tomas mit Teresa aufs Land, weg von den Freundinnen und weg von den sexuellen Gelegenheiten. Er findet eine Stelle als Lastwagenfahrer, Teresa hilft in einem Kuhstall aus. Tomas' Opfer lastet auf Teresa:

„Tomas, alles Übel in deinem Leben kommt von mir. Meinetwegen bist du so weit gekommen. Bist so tief unten, wie man tiefer nicht sein kann." […] „Teresa", sagte Tomas, „hast du denn nicht gemerkt, dass ich glücklich bin?"[67]

Noch am folgenden Morgen lässt Milan Kundera seine Romanfiguren sterben. Sie verunglücken auf einer Fahrt mit Tomas' Lastwagen – als ob nur der Tod ihre Liebe verewigen könnte, als ob nur der Tod ihre Liebe vor Irrungen der Sexualität schützen könnte.

Es mag sein, dass der Mensch zu schwach ist, um die Kräfte seiner Sexualität zu bändigen, solange er mit ihr auf sich allein gestellt bleibt. Daher steht am Ende des Buches eine Utopie. Ich träume von einer Gesellschaft, die Sexualität bejaht und dennoch ihre dunklen Seiten im Blick behält. Ich träume von einer Wertegemeinschaft, die jungen Menschen gute Maßstäbe für ihr sexuelles Verhalten setzt; eine selbstbewusste, konfrontationsfreudige Wertegemeinschaft, an der sich junge Menschen reiben und ihre Hörner abstoßen können. Mir stehen lebendige, knisternde Partnerschaften vor Augen, die den Spannungsbogen eines ganzen Lebens durchhalten: Bilder von gelingender Sexualität, die junge Menschen verinnerlichen können. Ich träume von einer Sexualität, die Teil eines Lebenskunstwerkes ist, eingerahmt von einer lebendigen Gottesbeziehung, von Freundschaft, von einer Verantwortung für die Welt und einem schöpferischen Lebensstil.

Ich spreche von einer Utopie, weil ich nicht glaube, dass sie sich in unserer Gesellschaft verwirklichen wird. Sie lebt aber schon in kleineren Gemeinschaften, in Familien, Freundeskreisen und christlichen Gemeinden. In einigen Strichen möchte ich eine Sexualität skizzieren, die von einer Wertegemeinschaft getragen und von einer spirituellen Dimension umfasst wird.

Was Sie bisher gelesen haben, beruhte schon auf einigen Werten, für die es zu kämpfen lohnt:

- Süchtige Sexualität, sexuelle Gewalt und sexuelle Manipulation müssen benannt werden. Fehlgeleitete Sexualität braucht eine kritische Opposition, wo sie sich schädlich auswirkt: auf das Geschlechterverhältnis, auf Partnerschaften, auf die sexuelle Entwicklung junger Menschen.
- Wir brauchen eine Disziplin der Bilder. Die Gedanken sind frei, und das ist gut so. Aber was sich in den Gedanken formt, bestimmt das Miteinander von Frauen und Männern und auch die Bilderwelt in der Werbung und in den Medien. Der Einzelne muss auf seine Verantwortung hingewiesen werden für das, was sich in seinem Kopf formt. Er braucht eine Anleitung, wie sei-

ne Fantasie zu einer Schmiede guter Bilder wird, Bilder, die den Aufbau von Intimität und erfüllenden Partnerschaften fördern.

- Menschen brauchen ein Wissen darüber, wie sie emotional und sexuell erfüllende Beziehungen aufbauen können. Sie brauchen Vorbilder, von denen sie sich anstecken und prägen lassen können: Paare, die in dauerhaften und dennoch aufregenden Beziehungen leben.

Ein letzter Wert dürfte der heikelste sein. Er dreht sich um die Frage, zu welchem Zeitpunkt und unter welchen Bedingungen sich ein Paar für Petting und Geschlechtsverkehr öffnet. Wer diese Frage nicht der privaten Freiheit des Einzelnen überlässt, dem bläst der Wind des Zeitgeistes entgegen. Daher möchte ich diesem Punkt etwas mehr Aufmerksamkeit zuwenden.

Christliche Kirchen stehen noch heute für das Modell vorehelicher Enthaltsamkeit ein:

Katholiken[68], Baptisten[69], Freie Evangelische Gemeinden[70], Brüdergemeinden, charismatische und Pfingstgemeinden.[71] Die evangelische Kirche beherbergt viele liberale Gläubige unter ihrem Dach. Selbst sie grätscht sich in den Spagat folgender Formulierung: „Aber die Tiefe der leibhaften Verbindung, die durch die sexuelle Gemeinschaft entsteht (...), tendiert von sich aus zu einer lebenslangen Verantwortung für das Gegenüber, das man sich so vertraut gemacht hat."[72] Allein die Evangelisch-Methodistische Kirche bindet die Sexualität nicht an die Ehe, sondern an Respekt und Verantwortungsgefühl gegenüber dem Partner.[73] Sie löst sich damit von ihren Wurzeln, einer radikalen Frömmigkeitsbewegung.

Mit dem Geschlechtsverkehr oder Petting bis zur Ehe zu warten, erscheint heute altertümlich. Dass eine solche Form des Zusammenlebens nur noch aus religiösen Motiven erwogen wird, beruht auf verbreiteten Haltungen gegenüber der Sexualität. Drei dieser Haltungen möchte ich diskutieren, weil von ihnen die Fundamente einer sexuellen Beziehung abhängen.

Haltung 1: Man muss sexuell zusammenpassen. Diese Vorstellung bezieht sich manchmal auf den Körper: Die Form des Gliedes und der Scheide müssen zusammenpassen, sonst findet vielleicht genau dort keine Stimulation statt, wo es am schönsten wäre. Diese Sorge ist allerdings unbegründet, weil das Scheideninnere, die Vagina, von den Beckenbodenmuskeln umgeben ist. Diese können sich zusammenziehen und sich der Form des Gliedes anpassen. Oft bezieht sich die Vorstellung des Zusammenpassens auf die sexuellen Vorlieben. Vor einer dauerhaften Bindung muss ausprobiert werden, ob sie zusammenpassen. Dabei erscheinen die Intimität im Alltag und die Intimität im Bett als unterschiedliche Welten, in denen unterschiedliche Gesetze gelten. Dass die erotische und sexuelle Intimität nur zwei Seiten der gleichen Medaille sind, habe ich schon an verschiedenen Stellen des Buches gezeigt. So lässt sich auch aus dem Gespräch und den Zärtlichkeiten erschließen, wie sich die Intimität eines Paares entfaltet und wie sie sich in weiteren Schritten der Intimitätssteigerung entwickeln wird. Die Vorstellung des Zusammenpassens versperrt auch den Blick auf die Reifungsmöglichkeiten einer Partnerschaft, auf die Arbeit an der eigenen Ich-Stärke und der Beziehungsfähigkeit, die für eine beglückende Sexualität wichtiger sind, als das anfängliche Zusammenpassen.

Haltung 2: Man muss seine Erfahrungen sammeln: „Wenn ich meinem eigentlichen Partner später etwas bieten will, muss ich jetzt Erfahrungen sammeln. Ich werde meine Unsicherheiten und Hemmungen verlieren und mich zu einem ideenreichen Liebhaber entwickeln." Gegen dieses Argument lässt sich nichts einwenden, es übersieht aber eine Nebenwirkung der sexuellen Erfahrungen. Ein Vergleich aus meinem Berufsleben mag dies verdeutlichen: Wenn ich heute einem Patienten gegenübersitze, sind gleichzeitig noch andere Menschen anwesend: meine Ausbilder und andere Patienten, mit denen ich bedeutsame Erfahrungen gemacht habe. Mir fällt oft ein, was meine psychotherapeutischen Vorbilder jetzt wohl denken oder sagen würden, und ich sehe durch einen mir noch unbekannten Menschen hindurch die, die mir schon mit ähnlichen Problemen begegnet sind. Neben der sichtbaren Zweierbeziehung in der Therapie stehen viele unsichtbare Dreiecksbeziehungen, weil mich die Eindrücke der aktuellen Begegnung zu anderen Menschen führen und ich von diesen aus wieder zu meinem Gegenüber zurückkehre. Meine Patienten stört das nicht – sie sind froh über meine Vorerfahrungen. Aber dass ich die unsichtbare Gegenwart sexueller Lehrer und bedeutsamer anderer in meinem Schlafzimmer wünsche, scheint mir nicht selbstverständlich.

Haltung 3: Man muss sich ausleben: „Wer sich in jungen Jahren besser ausgelebt hat, kann später besser die Treue halten. Er hat die Vielfalt sexueller Erlebnisse kennengelernt, er weiß, was er will, und kann sich daher in gesetztem Alter begrenzen." Leider kenne ich keine Studie, die diesen Zusammenhang überprüft hätte. Manchem mögen die wilden Jahre in der Jugend eine sexuelle Krise in der Lebensmitte ersparen. Aber auch diese Sichtweise des Auslebens hat ihre blinden Flecken. Sie rechnet nicht mit einer entwicklungsfähigen Partnerschaft und ihren sexuellen Möglichkeiten. Sie unterschätzt auch die tiefe Bindung, zu der erste Erfahrungen führen. Zum ersten Mal das Meer sehen, der erste Flug, der erste Kuss – Momente, die an Intensität nicht zu übertreffen sind und die sich tief in die Seele einprägen. Die ausgelebte Sexualität kennt nur noch Wiederholungen und Variationen.

Sexuelle Spannung, die sich noch nicht im Sex entladen darf, kann zu einer starken Kraft für die persönliche Entwicklung eines Paares werden. Die Sehnsucht nach Intimität muss zunächst andere Wege finden. Zärtliche Aufmerksamkeit, Gespräche, romantische Unternehmungen werden zu Wegen, die zu Erfahrungen von Intimität führen. Ein Paar erkundet die Geschichte und die Welt des anderen, es erprobt die gemeinsame Alltagsgestaltung und die gemeinsame Gestaltung von Freundschaften. Auf diese Weise kann das Paar die Tragfähigkeit seiner Beziehung prüfen, ohne durch eine sexuelle Bindung in seiner Entscheidungsfreiheit eingeschränkt zu sein.

Obwohl manches für das Modell voreheliche Enthaltsamkeit spricht, gerät es immer mehr in Vergessenheit.

Dieser Prozess hat gesellschaftliche Ursachen. Wir jungen Menschen sind Wohlstandskinder. Wir kennen den Spannungsbogen nicht mehr von Aufbaujahren und Erntejahren, von Verzicht und Genuss. Alles ist doch vorhanden, wir brauchen es nur zu nehmen. Wir jungen Menschen sind unerzogen. Es gibt keine moralische Autorität mehr, die uns herausfordert. Die Gesellschaft, die uns in der Schule, in der Politik und in den Medien begegnet, ist längst keine Wertegemeinschaft mehr. Sie steckt einen demokratischen Rahmen ab, in dem jeder seine eigenen Werte finden und leben kann. Wer die Kraft sexuellen Verlangens lenken will, braucht den Halt einer Wertegemeinschaft. Wer diesen nicht hat, wird seine Werte dem Zauber oder den Zwängen des Augenblicks anpassen.

Nun steht Ihnen das Fundament meiner Utopie vor Augen. Es besteht aus Werten, die von einer Gemeinschaft vertreten und vorgelebt werden. Als Nächstes möchte ich Ihnen noch vier Säulen vorstellen. Eine Partnerschaft allein kann das Gewicht der Sexualität nicht tragen, zu schwer wiegt, was sich mit Sexualität verbindet: Wünsche und Wunden, Glück und Unglück, unwägbare Möglichkeiten. Eine Partnerschaft würde sich überfrachten, wenn sie das alles tragen wollte. Daher muss sich die Sexualität weiten und das ganze Leben mit Leidenschaft füllen: Freundschaft, Glaube, Kreativität und Engagement.

Freundschaft – ein Raum der Intimität

Zunächst muss ich Sie für eine Sichtweise gewinnen, die Ihnen befremdlich erscheinen mag, Seelsorgern und Psychotherapeuten aber schon selbstverständlich geworden ist: Sexualität drückt sich in allen Beziehungen aus, nicht nur in partnerschaftlichen. Der Psychotherapeut Wunibald Müller begleitet überwiegend zölibatär lebende Menschen. Er schreibt über sie:

Diese Männer und Frauen sind nicht dazu verurteilt, die Sexualität aus ihrem Leben zu verbannen. Vielmehr könnnen sie sie in bedeutungsvollen Beziehungen zulassen und ihre gefühlsmäßige Seite darin auch erfahren. Der zölibatär Lebende und die zölibatär Lebende können weiter Sexualität als Sprache, als eine Weise der Kommunikation leben, wenn sie in die Beziehung zu anderen auch das, was sie als sexuelles Wesen ausmacht, mit einbringen: ihre Gefühle, ihren Eros, ihre Sinnlichkeit, ihren Charme. Sie können das „gewisse Etwas" in der Begegnung mit anderen zulassen, damit aber die Begegnung beseelen, beleben, zu etwas den anderen und sie Ansprechendem machen.[74]

Auch der Benediktinerpater Anselm Grün schreibt:

In der Freundschaft kann die Liebe eines Mannes oder einer Frau in uns viel Versteinertes zum Leben bringen und Verhärtetes aufweichen. (…) Diese Liebe muss nicht rein geistig sein, sie braucht die Eroskraft, um lebendig zu bleiben. Unsere geistige Liebe ist oft so kraftlos, weil sie von der sinnenhaften Erotik geschieden ist.[75]

Freundschaft umfasst das Frausein und Mannsein, Schmerz und Sehnsüchte, die ganze Lebendigkeit eines Menschen. Damit sie gelingt, braucht Freundschaft die gleiche Ich-Stärke und den gleichen Mut zur Intimität, wie ich sie im Kapitel „Partnerschaft" beschrieben habe. Freundschaft wächst und welkt nach den gleichen Naturgesetzen wie eine Partnerschaft. Der Same der Offenheit für den Andersartigen fällt in den Boden der Zeit, die sich beide schenken. Die junge Pflanze stützt sich gerne an einen Stab der Verlässlichkeit. Sie wird mit reichlich Wertschätzung begossen und maßvoll mit aufrichtiger Kritik gedüngt.

Glaube – Intimität mit Gott

Jeder, der glaubt, kann Intimität mit Gott erfahren. Menschen in Klöstern und Ordensgemeinschaften richten ihr ganzes Leben auf die innige Verbindung mit Gott aus. Viele tragen Verlobungsringe als Zeichen ihrer Verbindung mit Christus. Sie greifen damit das biblische Bild von Braut und Bräutigam auf, von der Gemeinde, die der Vermählung mit Christus entgegengeht. Der Psychotherapeut Wunibald Müller schreibt über die Gottesliebe:

Es ist eine Beziehung zu Gott, die deswegen auch als eine so intime, tiefe, persönliche Beziehung gelebt und erlebt werden kann, weil die menschlichen Voraussetzungen, die gegeben sein müssen, um in eine intime Beziehung einzutreten, gewährleistet sind. Es ist das Zulassen und Erfahren menschlicher Intimität, die der intimen Beziehung mit Gott überhaupt erst die Bahn ebnet.[76]

Und Frère Roger, der Gründer von Taizé, drückt den gleichen Gedanken so aus: „Um lieben zu können, hat der

Mensch nicht allzu viele Triebkräfte zur Verfügung. Es sind dieselben affektiven Neigungen, mit denen sich menschliche Liebe und die Liebe zu Christus ereignet."[77]

Weder Armut noch Keuschheit, weder Einsiedelei noch Meditation vertiefen die Gottesliebe, wenn die erforderlichen Schritte menschlicher Hinwendung ausbleiben: sich auf die Andersartigkeit von Gott einlassen und sich von ihm verwandeln lassen, sich mit der ganzen Person ins Gebet einbringen und sich Gott zumuten.

Die Inhalte des christlichen Glaubens wirken auf viele Menschen gotteslästerlich, nur wir im christlichen Abendland haben uns an sie gewöhnt. Jesus Christus führte in das Verhältnis zu Gott eine unvorstellbare, beinahe schamlose Intimität ein. Als geschichtliche Person sprach er in distanzlosen Vergleichen von Gott: ein Vater, der sich in der Koseform „Papa" ansprechen lässt; ein Richter, der sich einer aufdringlichen Witwe fügt.[78] Als gekreuzigte Person mutet Jesus der Welt seinen nackten Leib zu, so dass die Frauen „von Ferne zuschauten".[79] Als auferstandene Person lässt er sich an seinen Wunden berühren und brät für seine Jünger Fische.[80] Als ewige Person, der Gott die Geschicke der Welt in die Hand legt, sendet Jesus seinen Geist, der *im* Gläubigen wohnt. So öffnet der christliche Glaube einen Raum, in dem intime Beziehungserfahrungen möglich werden.

In der Gottesbeziehung tauchen ähnliche Intimitätsängste auf wie in menschlichen Beziehungen. „Wenn ich mich auf Gott einlasse, bleibe ich dann noch ich selbst?" Menschen mit dieser Befürchtung fragen sich manchmal, ob Gott sie zu einer Marionette machen will. Sie haben Angst, dem „Willen Gottes" zu begegnen, als ob dieser sie versklaven wolle. Andere fürchten, dass Gott ihnen alles nehmen will, was Spaß macht. Sie tragen ein Bild in sich, nach dem nur Asketen in die Nähe Gottes kommen dürfen. Wieder andere schämen sich bei der Vorstellung, Gott nahe zu sein. Sie fühlen sich ohnehin sündig und vermuten, dass sie in der Beziehung zu Gott gänzlich als schlechte Menschen offenbar werden. Beziehungsängste sind vielfältig. Wenn Menschen ihre Ängste wahrnehmen und sie überwinden, vertieft sich auch ihre Beziehung zu Gott.

Kreativität – Zeugen und fruchtbar sein

„Ein Dirigent braucht eine sexuelle Beziehung zu seinem Orchester", soll Leonard Bernstein gesagt haben.[81] Der schöpferische Mensch tritt in eine elektrisierende Verbindung zu seinem Werk. Er lässt sich von der Muse küssen, geht mit seinen Ideen schwanger und bringt sie schließlich zur Welt.

Nicht nur Kunstschaffende sind kreativ, sondern auch Wissenschaftler, Erfinder, Firmengründer, ja alle, denen ihre Arbeitsgestaltung Spielräume lässt. Der Glücksforscher Mihály Csikszentmihályi beschreibt einen Zustand, der einer sexuellen Erfahrung ähnelt: ein Hochgefühl, ein vollständiges Aufgehen im Augenblick, ein Einklang zwischen Sein und Tun. Dieser Glückszustand, Flow, entsteht, wenn ein Mensch eine Aufgabe ausübt, die zu seinem Wesen und seinen Fähigkeiten passt.[82] Besonders kreative Aufgaben rufen Flow hervor, Aufgaben, die die volle Konzentration und Hingabe eines Menschen verlangen.

Enthaltsame Menschen haben oft einen besonderen Sinn für schöpferisches Tun. Die Schönheit von Klöstern legt ein Zeugnis davon ab, mit ihrer Architektur, ihren Gärten, ihren Gesängen und Gebeten. Sexualität sucht die Vereinigung mit der Schönheit. Diese Sehnsucht erfüllt sich im Klosterleben, das sich in schönen Räumen, in schöner Natur und in schönen Liturgien vollzieht. Das ganze Leben ist wie ein Kunstwerk geordnet: Gebetszeiten geben dem Tag seinen Rhythmus, das Leben erhält seine Proportionen durch den Wechsel von Gebet und Arbeit, Gemeinschaft und Alleinsein, Genuss und Verzicht.

Sexuelle Kräfte lassen sich in schöpferische Kräfte verwandeln. Unser Alltag ruft nach Künstlern: Räume, Mahlzeiten, Feste können betäuben oder lebendig machen, je nachdem, ob eine schöpferische Hand am Werk war oder eine lässige. Briefe, Geschenke, Überraschungen erfreuen, wenn ihre Urheber eine einfallsreiche Liebe zeigen. Der Mensch kleidet sich, pflegt Vorlieben, teilt seine Zeit ein – mit schöpferischer Kraft oder im geringsten Widerstand gegen die Zerstreuungskräfte des Alltags.

Engagement – geistige Mutter- und Vaterschaft

Wenn ein Paar eine Familie gründet, nimmt es die Kinder in das Kraftfeld seiner Liebe hinein. Dabei verändert sich die Liebe, erotische Zärtlichkeit wandelt sich in die Innigkeit von Müttern und Vätern, sexuelle Anziehung in eine fürsorgliche Bindung. Eltern müssen zuweilen entgegensteuern, damit nicht ihre ganze Erotik von dieser Verwandlung erfasst wird.

Nicht nur Kinder sind auf mütterliche und väterliche Liebe angewiesen, sondern auch alte, kranke und benachteiligte Menschen. So kann sich eine fürsorgliche Liebe an leidende Menschen binden. Es gibt aber auch eine geistige Mutter- und Vaterschaft. Diese leben z. B. Menschen, die eine konfessionelle Schule aufbauen, einen Verlag gründen, ein Familienzentrum ins Leben rufen. Das Werk wird zu ihrem Baby, das sie austragen, unter Opfern versorgen und großziehen. Ein solches Gefühl entwickeln besonders die Gründer, aber auch die Frauen und Männer der ersten Stunde, deren Einsatz ein Werk trägt. Sie investieren weibliche und männliche, väterliche und mütterliche Energie, verlieben sich in die gemeinsame Idee und gehen eine verbindliche, oft lebenslange Beziehung mit ihrem Werk ein.

In Freundschaft, Gottesliebe, Kreativität und Engagement begegnet uns verwandelte Sexualität – Sexualität, die sich leiblich verwirklicht und doch zu einer spirituellen Dimension durchgedrungen ist.

Ein Lebenshaus fürs Liebesglück

So sieht es aus, das Lebenshaus, das mir vor Augen steht: ein Gebäude mit einem tragfähigen Fundament für Partnerschaft und Sexualität, mit Säulen, die Glück und Unglück eines Menschen tragen können. „Liebe ist ein wirres Gemisch. Glück ein ultraleichtes Gas", singt Herbert Grönemeyer auf seinem Album „Zwölf". Ob sich Liebesglück und sexuelle Erfüllung in mein Haus einladen lassen, liegt nicht allein in meiner Hand. Dennoch gibt es einladende Häuser, in welche die Liebe gerne einzieht, und windschiefe, in die sie sich selten verirrt. Daher scheint mir ein wenig Ausbau, Umbau und Renovierung lohnenswert. Möge dieses Buch dabei helfen.

Erläuterung von Fachbegriffen

Callgirl, das; Prostituierte, die auf einen Anruf hin Besuche macht.

Ekstase, die; rauschhafter, tranceartiger Zustand, in dem das normale Bewusstsein an Kontrolle verliert und in dem Sinneseindrücke intensiver wahrgenommen werden.

Erektion, die; durch Blutstauung bedingte Versteifung und Aufrichtung des männlichen Gliedes. Bei Erektionsstörungen ist dieser Mechanismus beeinträchtigt, die Erektion bleibt aus oder klingt zu früh wieder ab. Für Erektionsstörungen gibt es sowohl körperliche als auch seelische Ursachen.

Exhibitionist, der; Person, die in der Öffentlichkeit ihre Geschlechtsteile entblößt und zur Schau stellt, meist gegenüber Personen des anderen Geschlechts. Diese Handlung ist mit sexueller Lust verbunden und findet sich fast ausschließlich bei Männern.

Intimität, die; nahes, vertrauensvolles Verhältnis zwischen zwei Personen, besonders in erotischer und sexueller Hinsicht.

Masochismus, der; Veranlagung, bei der sexuelle Erregung und Befriedigung vorwiegend durch das Erleiden von Misshandlungen durch einen Geschlechtspartner erreicht werden.

Orgasmus, der; Höhepunkt sexueller Lust, beim Mann mit dem Ausspritzen von Samenflüssigkeit verbunden.

Petting, das; bis zum Orgasmus betriebene Stimulation der Geschlechtsteile eines Partners, bei der aber kein Geschlechtsverkehr vollzogen wird.

Pin-up-Girl, das; Bild einer erotisch anziehenden Frau, das aus einer Illustrierten oder einem Magazin herausgetrennt und an die Wand geheftet werden kann.

Pornografie, die; sprachliche oder bildliche Darstellung sexueller Akte, bei der die psychischen und partnerschaftlichen Aspekte der Sexualität ausgeklammert werden.

Prostituierte, die; Frau, die sich gewerblich für sexuelle Zwecke zur Verfügung stellt.

Quickie, der; schnelle Form des Geschlechtsverkehrs, bei dem das Vorspiel weggelassen oder stark verkürzt wird.

Sadismus, der; Veranlagung, bei der sexuelle Erregung und Befriedigung vorwiegend durch das Quälen eines Geschlechtspartners erreicht werden.

Spanner, der; umgangssprachlich für Voyeur, Voyeurismus.

Strip, der; Kurzform von: Striptease, Vorführung von erotisch stimulierenden Tänzen oder kleinen Szenen, in denen sich die Akteure nach und nach entkleiden.

Trance, die; Bewusstseinszustand, der spontan oder unter Hypnose auftreten kann. In der Trance steigen nur wenige Sinneseindrücke ins Bewusstsein auf, diese werden dann sehr intensiv erlebt.

Urologe, der; Facharzt für Urologie, einem Teilgebiet der Medizin, das sich mit der Funktion von Harn- und Geschlechtsorganen befasst.

Voyeurismus, der; Veranlagung, bei der sexuelle Erregung und Befriedigung vorwiegend durch das (heimliche) Zusehen bei sexuellen Handlungen anderer erreicht wird.

(Die Erläuterungen orientieren sich am Deutschen Universalwörterbuch, Dudenverlag.)

Literatur

Arp, Claudia und Dave (1995): Das Ehe-Team. Brunnen Verlag Gießen.

Becker, Nikolaus (2004): Erotisierte Übertragung/Gegenübertragung. In: Bernhard Strauß (Hrsg.). Psychotherapie der Sexualstörungen. Thieme Verlag Stuttgart.

Clement, Ulrich (1996): Sexuelle Kollusionen: Paardynamik in sexuell gestörten Partnerschaften. System Familie (1996) S. 67-73.

Clement, Ulrich (2004): Sexuelle Sucht. In: Bernhard Strauß (Hrsg.). Psychotherapie der Sexualstörungen. Thieme Verlag Stuttgart.

Clement, Ulrich (2006): Guter Sex trotz Liebe. Ullstein Verlag Berlin.

Ecker, Diana (2000): Aphrodites Töchter. Wie Frauen zu erfüllter Sexualität finden. Goldmann Verlag München.

Grün, Anselm (2003): Ehelos, des Lebens wegen. Vier Türme Verlag Münsterschwarzach.

Hauch, Margret (2004): Paartherapie bei sexuellen Funktionsstörungen und sogenannter sexueller Lustlosigkeit. In: Bernhard Strauß (Hrsg.). Psychotherapie der Sexualstörungen. Thieme Verlag Stuttgart.

Kundera, Milan (1990): Die unerträgliche Leichtigkeit des Seins. Fischer Taschenbuch Verlag Frankfurt am Main.

Möller, Michael Lukas (1992): Die Wahrheit beginnt zu zweit. Das Paar im Gespräch. Rowohlt Reinbeck bei Hamburg.

Müller, Wunibald (2000): Liebe und Zölibat. Wie ehe-

loses Leben gelingen kann. Matthias Grundewald Verlag Mainz.
Penner, Clifford und Joyce (2001): Glücklich intim. Hänssler Verlag Holzgerlingen.
Reiche, Reimut (2005): Das Rätsel der Sexualisierung. In: I. Quiendeau, V. Sigusch (Hrsg.). Freud und das Sexuelle. Campus Verlag Frankfurt, New York.
Rhode-Dachser, Christa (1991): Expedition in den dunklen Kontinent. Weiblichkeit im Diskurs der Psychoanalyse. Springer-Verlag Berlin, Heidelberg.
Riemer, M. Schneider, G. (2006): Verbesserung des Schutzes vor sexuellen Übergriffen in fachgebundenen und Richtlinien-Psychotherapien. Zeitschrift für Psychosomatische Medizin und Psychotherapie 52, S. 406-424, 2006.
Rutter, Peter (2002): Sex in der verbotenen Zone. Wie Männer mit Macht das Vertrauen von Frauen missbrauchen. Arbor Verlag Freiamt im Schwarzwald.
Schmidt, Gunter und Mitarbeiter (2006): Spätmoderne Beziehungswelten. VS Verlag für Sozialwissenschaften Wiesbaden.
Schmidt, Gunther und Mitarbeiter (2003): Beziehungsformen und Beziehungsverläufe im sozialen Wandel. Zeitschrift für Sexualforschung 16 (Heft 3).
Schnarch, David (2006): Die Psychologie sexueller Leidenschaft. Klett-Cotta Verlag Stuttgart.
Stoller, Robert (1998): Perversion – die erotische Form von Hass. Psychosozial Verlag Gießen.
Strauß, Bernhard (Hrsg.) (2004): Psychotherapie der Sexualstörungen. Thieme Verlag Stuttgart.
Zilbergeld, Bernie (1994): Die neue Sexualität der Männer. DGVT-Verlag Tübingen.

Anmerkungen

1 Milan Kundera (1990): Die unerträgliche Leichtigkeit des Seins. Fischer Taschenbuch Verlag Frankfurt am Main. S. 19f.

2 www.gyn.de vom 13.11.2006. An dieser Studie nahmen überwiegend Frauen teil (67%), das Durchschnittsalter der Teilnehmer betrug 29 Jahre.

3 In einer psychologischen Studie der Universität Göttingen wurden nur 24% der Frauen und 30% der Männer von ihrem Partner über die sexuelle Seitenbeziehung aufgeklärt – die übrigen fanden es auf anderem Wege heraus. Exklusiv-Studie: Der Seitensprung. Focus 19/2006.

4 Wegen der aufwendigen und sorgfältigen Untersuchungsmethodik ist diese Studie für unsere Zwecke besonders bedeutsam. Im Infokasten sind einige Details dargestellt. Gunter Schmidt und Mitarbeiter (2003): Beziehungsformen und Beziehungsverläufe im sozialen Wandel. Zeitschrift für Sexualforschung 16 (Heft 3).

5 Exklusiv-Studie: Der Seitensprung. Focus 19/2006.

6 Die Prozentzahlen enthalten eine statistische Verzerrung, weil sie sich auf die Zahl der Beziehungen, nicht auf die Zahl der Personen beziehen. Wer schon fünf feste Beziehung hatte, geht fünffach in die Studie ein, wer immer noch mit seiner Jugendliebe zusammenlebt, nur einfach. Die sexuelle Untreue dürfte daher etwas seltener vorkommen, als die Prozentzahlen vermitteln.

7 Exklusiv-Studie: Der Seitensprung. Focus 19/2006.

8 www.gyn.de vom 13.11.2006.

9 Gunter Schmidt und Mitarbeiter (2003): Beziehungsformen und Beziehungsverläufe im sozialen Wandel. Zeitschrift für Sexualforschung 16 (Heft 3).

10 Exklusiv-Studie: Der Seitensprung. Focus 19/2006.

11 Milan Kundera (1990): Die unerträgliche Leichtigkeit des Seins. Fischer Taschenbuch Verlag Frankfurt am Main. S. 227.

[12] Milan Kundera (1990): Die unerträgliche Leichtigkeit des Seins. Fischer Taschenbuch Verlag Frankfurt am Main. S. 228.

[13] Milan Kundera (1990): Die unerträgliche Leichtigkeit des Seins. Fischer Taschenbuch Verlag Frankfurt am Main. S. 291.

[14] Ulrich Clement (2004): Sexuelle Sucht. In: Bernhard Strauß (Hrgs.). Psychotherapie der Sexualstörungen. Thieme Verlag Stuttgart. S. 132.

[15] Ariadne von Schirach. Der Tanz um die Lust. Spiegel 45/2005.

[16] Ulrich Clement (2004) Sexuelle Sucht. In: Bernhard Strauß (Hrgs.). Psychotherapie der Sexualstörungen. Thieme Verlag Stuttgart. S. 129.

[17] Milan Kundera (1990): Die unerträgliche Leichtigkeit des Seins. Fischer Taschenbuch Verlag Frankfurt am Main. S. 228f.

[18] Robert Stoller (1998): Perversion – die erotische Form von Hass. Psychosozial Verlag Gießen. S. 94.

[19] Robert Stoller (1998): Perversion – die erotische Form von Hass. Psychosozial Verlag Gießen.

[20] Spiegel online vom 4. Oktober 2006.

[21] Kara Lennox, Heiße Lippen – starke Hände. In: Collection Baccera. Band 242 (11) 2006. CORA-Verlag Hamburg.

[22] Katherine Garbera, Ein Millionär für Holly. In: Collection Baccera. Band 242 (11) 2006. CORA-Verlag Hamburg.

[23] EMMA Januar/Februar 2005.

[24] Giacomo Casanova. Memoiren. Neuer Kaiser Verlag 2005. Band 3, fünfzehntes Kapitel.

[25] Gunter Schmidt und Mitarbeiter (2003): Beziehungsformen und Beziehungsverläufe im sozialen Wandel. Zeitschrift für Sexualforschung 16 (Heft 3).

[26] Reimut Reiche (2005): Das Rätsel der Sexualisierung.

In: I. Quiendeau, V. Sigusch (Hrsg.). Freud und das Sexuelle. Campus Verlag Frankfurt, New York.

[27] Frauen, die in ihren sexuellen Fantasien vergewaltigt werden, suchen darin nicht das Trauma einer Vergewaltigung, sondern das Gefühl der Überwältigung durch einen übermächtigen, attraktiven Mann.

[28] Nach einer psychologischen Studie neigen Frauen stärker als Männer dazu, Erlebnisse zu fantasieren, die ihnen in der Realität fehlen: Diana Ecker (2000): Aphrodites Töchter. Wie Frauen zu erfüllter Sexualität finden. Goldmann Verlag München. S. 150.

[29] M. Riemer, G. Schneider (2006): Verbesserung des Schutzes vor sexuellen Übergriffen in fachgebundenen und Richtlinien-Psychotherapien. Zeitschrift für Psychosomatische Medizin und Psychotherapie 52, S. 406-424, 2006.

[30] Peter Rutter (2002): Sex in der verbotenen Zone. Wie Männer mit Macht das Vertrauen von Frauen missbrauchen. Arbor Verlag Freiamt im Schwarzwald. S. 40.

[31] M. Riemer, G. Schneider (2006): Verbesserung des Schutzes vor sexuellen Übergriffen in fachgebundenen und Richtlinien-Psychotherapien. Zeitschrift für Psychosomatische Medizin und Psychotherapie 52, S. 406-424, 2006.

[32] Peter Rutter (2002): Sex in der verbotenen Zone. Wie Männer mit Macht das Vertrauen von Frauen missbrauchen. Arbor Verlag Freiamt im Schwarzwald. S. 39.

[33] Peter Rutter (2002): Sex in der verbotenen Zone. Wie Männer mit Macht das Vertrauen von Frauen missbrauchen. Arbor Verlag Freiamt im Schwarzwald. S. 41.

[34] Peter Rutter (2002): Sex in der verbotenen Zone. Wie Männer mit Macht das Vertrauen von Frauen missbrauchen. Arbor Verlag Freiamt im Schwarzwald. S. 86.

[35] Peter Rutter (2002): Sex in der verbotenen Zone. Wie Männer mit Macht das Vertrauen von Frauen missbrauchen. Arbor Verlag Freiamt im Schwarzwald. S. 87.

[36] Peter Rutter (2002): Sex in der verbotenen Zone. Wie

Männer mit Macht das Vertrauen von Frauen missbrauchen. Arbor Verlag Freiamt im Schwarzwald. S. 60.

[37] Peter Rutter (2002): Sex in der verbotenen Zone. Wie Männer mit Macht das Vertrauen von Frauen missbrauchen. Arbor Verlag Freiamt im Schwarzwald. S. 61.

[38] Gunter Schmidt und Mitarbeiter (2003): Beziehungsformen und Beziehungsverläufe im sozialen Wandel. Zeitschrift für Sexualforschung 16 (Heft 3).

[39] Michael Lukas Möller (1992): Die Wahrheit beginnt zu zweit. Das Paar im Gespräch. Rowohlt Reinbeck bei Hamburg. S.113.

[40] Ulrich Clement (2006): Guter Sex trotz Liebe. Ullstein Verlag Berlin. S.10.

[41] David Schnarch (2006): Die Psychologie sexueller Leidenschaft. Klett-Cotta Verlag Stuttgart. S.109. Cellulitis (Orangenhaut) nennt man die alters- und hormonbedingte Dellenbildung der Haut, die Beine, Oberarme, Hüften und Po betrifft und bei 80 bis 90% der Frauen vorkommt.

[42] P. Watzlawick, J. Beavin, D. Jackson (1969): Menschliche Kommunikation. Formen, Störungen, Paradoxien. Huber Verlag Bern. „Man kann nicht nicht kommunizieren", formulierte Paul Watzlawick als erstes Axiom seiner Kommunikationstheorie.

[43] Michael Lukas Möller (1992): Die Wahrheit beginnt zu zweit. Das Paar im Gespräch. Rowohlt Reinbeck bei Hamburg. S.16.

[44] Wilfred Bion (1992, englisches Original 1962): Lernen durch Erfahrung. Suhrkamp Verlag. Frankfurt am Main.

[45] Michael Lukas Möller (1992): Die Wahrheit beginnt zu zweit. Das Paar im Gespräch. Rowohlt Reinbeck bei Hamburg. S. 117.

[46] Michael Lukas Möller (1992): Die Wahrheit beginnt zu zweit. Das Paar im Gespräch. Rowohlt Reinbeck bei Hamburg. S. 116.

[47] Einige der Anregungen stammen aus dem Buch von Claudia und Dave Arp (1995): Das Ehe-Team. Brunnen Verlag Gießen.

[48] „Kunst wäscht den Staub des Alltags von der Seele", ein Zitat von dem Maler Pablo Picasso.

[49] z.B. bei www.team-f.de; www.ojc.de.

[50] David Schnarch (2006): Die Psychologie sexueller Leidenschaft. Klett-Cotta Verlag. Stuttgart. S.128.

[51] Spr 29,25.

[52] David Schnarch (2006): Die Psychologie sexueller Leidenschaft. Klett-Cotta Verlag. Stuttgart. S.147.

[53] David Schnarch (2006): Die Psychologie sexueller Leidenschaft. Klett-Cotta Verlag Stuttgart. S.150f.

[54] Michael Lukas Möller (1992): Die Wahrheit beginnt zu zweit. Das Paar im Gespräch. Rowohlt Reinbeck bei Hamburg. S.46.

[55] Eine seltene Ausnahme von dieser Regel sehe ich, wenn beide Partner die gleichen süchtigen Tendenzen mitbringen. Diese können zum Beispiel bei sadomasochistischen Vorlieben vorliegen. Manche Paare entdecken auch eine gemeinsame Vorliebe für Pornografie. Hier ist das Paar in der gleichen Situation wie ein Einzelner, der prüft, inwieweit seine sexuellen Vorlieben Ersatzbefriedigung suchen und den Aufbau echter Intimität verhindern.

[56] Clifford und Joyce Penner (2001): Glücklich intim. Hänssler Verlag Holzgerlingen. S. 43ff.

[57] David Schnarch (2006): Die Psychologie sexueller Leidenschaft. Klett-Cotta Verlag Stuttgart. S. 110

[58] Clifford und Joyce Penner (2001): Glücklich intim. Hänssler Verlag Holzgerlingen. S. 66.

[59] David Schnarch (2006): Die Psychologie sexueller Leidenschaft. Klett-Cotta Verlag Stuttgart. S. 193ff.

[60] Harry Harlow (1958): The nature of love. In: American Psychologist, 13 (1958), S. 573-685.

61 Grossmann, K. E./Grossmann, K.(2004): Bindung – das Gefüge psychischer Sicherheit. Klett-Cotta: Stuttgart.

62 David Schnarch (2006): Die Psychologie sexueller Leidenschaft. Klett-Cotta Verlag Stuttgart. S. 90ff.

63 David Schnarch (2006): Die Psychologie sexueller Leidenschaft. Klett-Cotta Verlag Stuttgart. S. 116-117.

64 Ulrich Clement (1996): Sexuelle Kollusionen: Paardynamik in sexuell gestörten Partnerschaften. System Familie (1996) S. 67-73.

65 Durex Local Report 2004. Zu beziehen über die Homepage des Kondomherstellers www.durex.com/de.

66 Günther Zamel (2004): Probleme der Medikalisierung sexueller Störungen. In: Bernhard Strauß (Hrgs.). Psychotherapie der Sexualstörungen. Thieme Verlag Stuttgart. S. 53.

67 Milan Kundera (1990): Die unerträgliche Leichtigkeit des Seins. Fischer Taschenbuch Verlag Frankfurt am Main. S. 300.

68 Katholischer Erwachsenenkathechismus Bd. 2, Leben aus Glauben, 1995, Deutsche Bischofskonferenz. Kapitel 4. Fragen der vor- und außerehelichen Sexualität. Online unter: www.dbk.de/katechismus/index.php.

69 www.baptisten.org, über ‚Themen und Texte' und ‚Erklärungen und Stellungnahmen' gelangt man zu den ‚Leitlinien für unser Verständnis von Ehe und Familie'.

70 Formuliert in einer Stellungnahme ‚Zur Ehe heute' des Bundes Freier Evangelischer Gemeinden, zu beziehen über den Pressedienst, www.feg.de.

71 Brüdergemeinden, Pfingst- und charismatische Kirchen haben ihre jeweils sehr unterschiedlichen Gemeinden unter einem Dachverband zusammengefasst. Es gibt keine einheitlichen sexualethischen Stellungnahmen. Stichprobenartig habe ich Stellungnahmen bezogen vom Forum Leben – Netzwerk charismatischer Gemeinden,

vom Freikirchlichen Bund Gemeinde Gottes und von der Arbeitgemeinschaft Brüdergemeinden.

[72] Mit Spannungen leben. Orientierungshilfe des Rates der EKD, 1996. Zugänglich über die Hompage der evangelischen Kirche www.ekd.de.

[73] Kirchenordnung der Evangelisch-Methodistischen Kirche. Kapitel IV Soziale Grundsätze. Art. 161. Die menschliche Lebensgemeinschaft. Einsehbar unter www.emk.de.

[74] Wunibald Müller (2000): Liebe und Zölibat. Wie eheloses Leben gelingen kann. Matthias Grundewald Verlag Mainz. S. 35.

[75] Grün, Anselm (2003): Ehelos, des Lebens wegen. Vier Türme Verlag Münsterschwarzach. S. 60.

[76] Wunibald Müller (2000): Liebe und Zölibat. Wie eheloses Leben gelingen kann. Matthias Grundewald Verlag Mainz. S. 94.

[77] Frère Roger (1974): Kampf und Kontemplation. Herder Verlag Freiburg. S. 15.

[78] Mt 14,36; Röm 8,15; Lk 18,2ff.

[79] Mk 15,40.

[80] Joh 20,27; Joh 21,9ff.

[81] Wunibald Müller (2000): Liebe und Zölibat. Wie eheloses Leben gelingen kann. Matthias Grundewald Verlag Mainz. S. 28.

[82] Csikszentmihályi, Mihály (1995): Flow. Das Geheimnis des Glücks. Klett-Cotta Verlag Stuttgart.

Ein weiterer Titel von Jörg Berger

Lebensziel Berufung
Den eigenen Weg finden in einer Welt der Beliebigkeit
ISBN 978-3-86122-812-7
128 Seiten, gebunden

Berufung – ein etwas sperriger Begriff, dessen Perspektive und Bedeutung uns häufig verloren gegangen ist. Wie finde ich eine Lebensform, die meinem Wesen entspricht? Wofür soll ich mein Leben einsetzen? Mit anderen Worten: Was ist meine *Berufung?* Auf die Frage nach dem „Wie“ gibt der Autor praktische Antworten, die sich nicht nur in der Psychotherapie bewährt haben. Auf die existenzielle Frage nach dem „Wofür“ bietet die Bibel Lösungen, die zu einem frohen, schöpferischen und einsatzbereiten Leben freisetzen und Ihnen neue Impulse geben.

Mit Illustrationen von Marion Schowalter.